"十二五"职业教育国家规划教材
经全国职业教育教材审定委员会审定
新编全国旅游中等职业教育系列教材

旅 游 概 论

LÜYOU GAILUN

赵金玲 ◎ 主编

北京·旅游教育出版社

责任编辑:贾东丽

图书在版编目(CIP)数据

旅游概论／赵金玲主编. ——北京:旅游教育出版社,2016.4(2023.10重印)
新编全国旅游中等职业教育系列教材
ISBN 978-7-5637-3350-7

Ⅰ. ①旅… Ⅱ. ①赵… Ⅲ. ①旅游—中等专业学校—教材 Ⅳ. ①F590

中国版本图书馆 CIP 数据核字(2016)第 058644 号

新编全国旅游中等职业教育系列教材
旅游概论
赵金玲 主编

出版单位	旅游教育出版社
地　　址	北京市朝阳区定福庄南里1号
邮　　编	100024
发行电话	(010)65778403 65728372 65767462(传真)
本社网址	www.tepcb.com
E-mail	tepfx@163.com
排版单位	北京旅教文化传播有限公司
印刷单位	北京虎彩文化传播有限公司
经销单位	新华书店
开　　本	710 毫米×1000 毫米 1/16
印　　张	9.875
字　　数	154 千字
版　　次	2016 年 4 月第 1 版
印　　次	2023 年 10 月第 5 次印刷
定　　价	23.00 元

(图书如有装订差错请与发行部联系)

出版说明

结合《现代职业教育体系建设规划(2014—2020年)》的指导意见和《教育部关于"十二五"职业教育教材建设的若干意见》的要求，我社组织旅游职业院校专家和老师编写了"新编全国旅游中等职业教育系列教材"。这是一套体现最新精神的、具有普遍适用性的中职旅游专业规划教材。

该系列教材具有如下特点：

(1) 编写宗旨上：构建了以项目为导向、以工作任务为载体、以职业生涯发展路线为整体脉络的课程体系，重点培养学生的职业能力，使学生获得继续学习的能力，能够考取相关技术等级证书或职业资格证书，为旅游业的繁荣和发展输送学以致用、爱岗敬业、脚踏实地的高素质从业者。

(2) 体例安排上：严格按教育部公布的《中等职教学校专业教学标准(试行)》中相关专业教学要求，结合中等职业教育规范以及中职学生的认知能力设计体例与结构框架，组织具有丰富教学经验和实际工作经验的专家，按项目教学、任务教学、案例教学等方式设计框架、编写教材。

(3) 内容组织上：根据各门课程的特点和需要，除了有正文的系统讲解，还设有案例分析、知识拓展、课后练习等延伸内容，便于学生开阔视野，提升实践能力。

旅游教育出版社一直以"服务旅游业，推动旅游教育事业的发展"为宗旨，与全国旅游教育专家共同开发了各层次旅游及相关专业教材，得到广大旅游院校的好评。在将这套精心打造的教材奉献给广大读者之际，深切地希望广大教师学生能一如既往地支持我们，及时反馈宝贵意见和建议。

旅游教育出版社

前　言

伴随着旅游业的快速发展，社会对旅游人才的需求量越来越大。中职职业学校旅游服务类专业本着培养从事旅游企业的服务工作、德智体美全面发展的高素质劳动者和技能人才的目标，开发适合的课程和教材。

《旅游概论》是中等职业学校旅游服务类相关专业的核心课程。学生通过对本课程的学习，了解旅游业的发展过程，了解旅游业的性质、构成、特点、意义和作用，并了解世界、我国旅游业的调控政策和最新的旅游动态；同时，为在未来的工作中运用相关知识进行服务、管理和决策打好基础。

本书分为五个项目十七个任务。项目一：旅游概述，阐述旅游的定义、性质和特点，旅游活动类型划分的常用标准，不同类型旅游活动的特点。项目二：旅游的发展历程，介绍了古代、近代、现代国内外的旅游产生和发展。项目三：旅游活动的构成要素，详细对旅游者、旅游资源、旅游业的定义、特点、类型划分进行了分析。项目四：旅游产品与旅游市场，详细阐述了旅游产品的概念、特征、常见类型，以及旅游市场的概念、特征和划分。项目五：旅游业发展影响与趋势，分析了旅游对目的地经济、社会、文化、环境的影响，阐述了我国旅游业发展的方针政策及发展趋势。

本书在结构上设置了如下板块：

1. 项目概览：简述项目目的、内容的背景及重要性等内容，让学习者有初步的整体概念。

2. 学习目标：对项目要点及要学习的知识、达成的技能等提出具体的要求，使学习者明确学习目标。

3. 任务描述：用简短的语言叙述任务对学习者的要求，让学习者对任务内容有明确的了解。

4. 情境导入：通过叙述材料、故事或者引用其他材料引入任务要讲的内容，创设情境，引发学习者的兴趣。

5. 相关知识：对任务涉及的具体知识进行详细介绍。

6. 案例分析：通过对真实案例的描述和分析，培养学生分析问题、解决问题的能力。

7. 视野拓展：讲解与任务相关的更广泛的知识，丰富学生的知识面。

8. 特别提示：讲解与任务相关的需注意的知识点，培养学生对新知识和新信息的关注意识。

本书由海口旅游职业学校赵金玲主编，负责教材整体的构思和设计。徐齐光编写了项目一。王望新编写了项目二中的任务一、任务二、任务三。谢蕾编写了项目三。韩秋花编写了项目二中的任务四和项目四中的任务一。李忻编写了项目四中的任务二、任务三。潘雪梅编写了项目五。

本书在编写过程中，得到了作者所在学校领导和同事的热情帮助，在此一并表示感谢。由于编者水平有限，书中难免有不妥与疏漏之处，恳请读者指正。

编者

目 录

项目一　旅游概述 ·· 1
　　任务一　认知旅游概念 ·· 1
　　任务二　识别旅游活动的类型 ·· 9

项目二　旅游的发展历程 ··· 16
　　任务一　了解古代旅游概况 ··· 16
　　任务二　了解近代旅游概况 ··· 23
　　任务三　熟知现代旅游概况 ··· 28
　　任务四　熟知我国旅游业的崛起 ··· 32

项目三　旅游活动的构成要素 ·· 41
　　任务一　了解旅游活动的构成要素 ·· 41
　　任务二　熟悉旅游活动的主体——旅游者 ··· 47
　　任务三　掌握旅游者产生的条件 ··· 53
　　任务四　熟悉旅游活动的客体——旅游资源 ·· 60
　　任务五　熟知旅游活动的中介体——旅游业 ·· 72

项目四　旅游产品与旅游市场 ·· 84
　　任务一　掌握旅游产品分类 ··· 84
　　任务二　掌握旅游市场的划分 ·· 90
　　任务三　把握我国旅游市场的类别 ·· 97

项目五　旅游业发展的影响与趋势 ··· 106
　　任务一　认识旅游业发展的影响 ·· 106
　　任务二　了解旅游保障要素 ·· 119
　　任务三　掌握我国旅游发展趋势 ·· 133

参考文献 ··· 150

项目一　旅游概述

项目概览

通过学习,掌握旅游的规范定义、旅游的性质和特点,了解旅游活动类型划分的常用标准,熟悉不同类型旅游活动的特点。学生通过收集资料、阅读资料、案例分析、小组讨论等方式掌握知识,培养职业意识和专业能力。

学习目标

1. 掌握世界旅游组织对旅游的规范定义。
2. 认识旅游活动的性质和特点。
3. 能识别旅游的类型。

任务一　认知旅游概念

任务描述

本任务要求学生了解并掌握旅游的定义、性质和特点,主要通过课前预习、课上阅读、分组讨论、课后复习及作业等方式达到掌握知识的目的。

情景导入

新学期开始了。开学第一天,宿舍的同学都在交流暑期经历。王云同学说,假期和爸爸妈妈一起去黄山游玩了,黄山的美景令他赞叹不已。李辉同学说这个假期过得特别有意义,他回到了老家和爷爷奶奶待在一起,门前的小河、屋后的菜地,都让他留恋不已,尤其是不远处的小山,他经常和村里的伙伴一起登山远望,欣赏怡人的田园风光。章云海同学说他假期没有远足,只是和初中同学去过几次附近的农家乐，看看花，摘摘果，钓钓鱼。同学们，你们暑期出去旅游了吗？以上三位同学的经历是不是旅游呢？今天，我们将围绕旅游的定义、性质和特点进行讨论。

相关知识

一、"旅游"的定义

"旅游"一词是从"tourism"翻译过来的，最早见于1811年英国出版的《牛津词典》，其词义是：离家远行，参观、游览一个或几个地方又回到家里。我国的《现代汉语词典》对"旅游"作出的解释为：旅游就是旅行游览。

旅游的定义是历史发展的产物。那么什么是"旅游"呢？在回答这一问题之前，让我们先来看看人们对"旅游"曾提出过的诸多定义：

"旅游"是非定居者的旅行和逗留而引起的各种现象和关系的总和。这些人不会在访问地区长期定居，并且不从事任何个人谋生性的赚钱活动。这一定义最初为瑞士学者汉泽克尔和克拉普夫在1942年提出，后来为"旅游科学专家国际联合会"（AIEST）所采用。所以，在我国的旅游学界，人们往往将这一定义称为"艾斯特（AIEST）定义"。这是目前在旅游学界影响比较大的一种定义。

"旅游"是人们离开自己惯常居住和工作的地方，短期外出前往某地的旅行以及在该地停留期间的访问活动（译自Burkart, A. J. & Medlik, S. Tourism: Past, Present and Future, London, Heinemann, 1974。该著作曾被国际学术界誉为旅游学经典教科书）。

美国学者罗伯特·麦金和查尔斯·R. 戈尔德耐两位教授认为"旅游"可定义为在吸引和接待旅游者和其他来访游客的过程中，由于旅游者、旅游企业、目的地政府和东道地社会的相互作用而引起的各种现象和关系的总和。

美国参议院领导下的一个专门工作组在其《（美国）国家旅游政策研究报告》中提出，"旅游"是人们出于日常上班工作之外的任何原因，离开其惯常居住地，前往其他某个或某些地方的旅行以及在该地的逗留和访问活动。

《中国百科大辞典》对旅游学的定义是："旅游是人们观赏自然风景和人文景观的旅行游览活动。包括人们旅行游览、观赏风物、增长知识、体育锻炼、度假疗养、消遣娱乐、探亲猎奇、考察研究、宗教朝觐、购物留念、品尝佳肴以及探亲访友等暂时性移居活动。从经济学观点看，是一种新型的高级消费形式。"

且看这样一段话：大学生王怡是学旅游专业的，利用假期，他到新疆旅游了一个月，毕业后，他希望能做旅游。以上的三个"旅游"分别代表了不同的含义。

由此可见，国内外对旅游的定义众多，说法不一。对旅游活动下一个标准的定义不单纯是规范旅游学术研究的需要,在更为现实的意义上,这一标准的定义对于世界各地旅游统计口径的统一,对于旅游政策的制定,以及对于旅游业的规划与管理工作,都具有重要的实际意义。1991年6月,全球旅游统计工作会议在加拿大的渥太华召开。这是一次被称为具有里程碑意义的会议。在这次会议上,全体与会代表对会议决议中所提议使用的各项概念、测量指标及其内容的释义,都给予了充分肯定。1993年,联合国接受了世界旅游组织于会后提交的报告,并采纳了联合国秘书处统计组根据这次会议结果所提出的关于旅游统计事宜的建议。这次会议决议中的主要结论之一便是对旅游活动这一概念作了新的权威性界定,即:"旅游活动是人们出于休闲、商务以及其他目的,短期(历时不超过一年)离开自己的惯常环境,前往他乡的旅行活动以及在该地的停留访问活动。"("Tourism comprises the activities of persons traveling to and staying in places outside their usual environment for not more than one consecutive year for leisure, business, and other purposes.")(UNWTO 1995:12)

值得注意的是,这一定义表明,就其规范意义而言,旅游活动乃是指旅游者或游客的活动,而并非是指旅游业的经营活动,更不是指旅游行政机构的管理活动。所以,根据这一定义,通俗地进行表达:旅游活动是人们出于移民和就业之外的目的,暂时离开自己的惯常居住地,前往他乡开展的旅行和逗留访问活动。

二、旅游活动的性质

由于旅游是人类社会、经济、文化等发展到一定历史阶段的产物,是一种具有消费性、享受性、综合性的社会活动方式,因此,旅游具有社会属性、文化属性、经济属性、政治属性和消费属性。

(一)旅游的社会属性

旅游是人们离开自己的惯常居住地,前往旅游目的地的旅行以及在该地停留期间的生活和访问活动。无论是休闲、生活的方式,还是与人交往,都隶属社会现象,因而旅游活动是一种社会现象。

(二)旅游的文化属性

人们外出旅游的目的和活动内容之一便是体验异乡风情,了解异国他乡的民族或地域文化。一方面,旅游者要了解目的地社会的民族历史、生活方式、风俗习惯、文学艺术、建筑风格、着装服饰以及饮食特色等;另一方面,外来旅游者也会以自己自觉或不自觉地表现出来的本民族文化去影响当地社会的居民。因此旅游是一种文化活动。

(三)旅游的经济属性

在外出旅游过程中,旅游者所进行的食、住、行、游、购、娱等方方面面的旅游活动都需借助和使用相关旅游企业提供的设施与服务,旅游者与旅游企业之间的关系也因此形成了旅游市场需求者与供给者的关系,因此旅游活动具有经济活动的色彩。

(四) 旅游的政治属性

人们常常将跨国旅游活动的开展比喻为"民间外交",将国际旅游者比喻为"民间大使"。这主要是因为,对于一个国家来说,开展国际旅游,客观上都可起到宣传自己、了解别人的作用。事实上,国际旅游活动的开展有助于增进不同国家或不同民族之间的相互了解,有助于消除国家或民族之间由于缺乏了解而有可能造成的偏见和误解,从而在客观上起到缓和与消除国际紧张、推进世界和平的作用。因而旅游活动的开展在某种程度上便有了政治现象的色彩。

(五) 旅游的消费属性

实践证明,人类为了生存所必须满足的物质和文化需要中,最基本的是衣、食、住、行四大方面,因此,超出生存需要的生活就具有享受性。而旅游是人们生活水平提高后、超出生存需要的一种高级消费形式。任何一个旅游者,其整个旅途生活的每一分钟都意味着要付出金钱,而旅途中所有的消费,都具有满足人们基本生活需要之上的享受和发展需要的价值。因此,旅游的消费是比基本的生活消费更高级的消费形式。

从以上叙述可以看出,旅游活动实质上是一种以不同地域间的人员流动为特征,涉及经济和政治等众多现象的社会文化活动。

三、现代旅游活动的特点

旅游作为一种社会性的消费形式和活动方式,同一般的、其他的消费或社会活动相比较,既有相似之处,又有自身的特征,并随着社会的发展而不断演变。现代旅游活动具有以下五个特点:

(一) 大众性

第二次世界大战后,世界经济迅速发展,旅游活动无论是在参加人数还是组织方式上都有了飞速的发展。现代旅游活动中,普通民众成为现代旅游的主力军,旅游成为一种广泛的大众性活动。据资料显示,1996年,全世界国际旅游人数达6.93亿人次,国内旅游人数达40亿人次,全世界参与旅游活动的人次约为当年全世界总人口的75%。中国2013年全国国内旅游人数32.62亿人次,其中:城镇居民21.86亿人次,农村居民10.76亿人次。在春节、国庆节两个"黄金周"中,全国共接待国内游客6.31亿人次,实现旅游收入3403.6亿元。可见,旅游活动已成为一种大众性活动。

（二）持续性

第二次世界大战后，世界旅游业虽然经历了许多曲折和起伏兴衰的变化，但是一直处于持续的发展之中。据世界旅游组织统计，1950—2000 年，世界旅游业年增长速度达到 7.1%，从 1950 年接待 2530 万人次增长到 2000 年的 6.35 亿人次，国际旅游收入也从 21 亿美元增加到 4786 亿美元，增长了 227.9 倍。在未来 10～20 年，国际旅游业将保持良好的发展势头。世界旅游组织的预测显示，2020 年全球国际旅游人次将达到 16 亿人次。随着社会经济的持续发展，人民生活水平和文化水平的不断提高，人们的旅游活动必将得到更为广阔的发展空间。

（三）综合性

旅游活动的内容丰富多彩，人们既可以领略美丽的自然风光，又可以欣赏舞蹈、绘画、雕塑等人文景观，所以人们品味的旅游资源既有自然的，也有人文的，既有物质的，又有精神的，是综合性的。另外，旅游活动与社会的诸多方面如文化、经济、自然要素都有联系，多要素构成了复杂的关系，旅游活动涉及吃、住、行、游、购、娱等多项内容，依赖住宿业、餐饮业、娱乐业、交通运输业、建筑业等各行各业的支持，表现出综合性特点。

（四）集聚性

现代化的交通工具使旅游者的足迹遍布全世界，但是旅游者对旅游目的地和时间的选择相对集中，致使旅游活动出现明显的集聚性。某些旅游目的地会吸引更多的旅游者，而有些目的地吸引的旅游者人数相对来说就比较少，这从世界各地旅游接待所占的市场份额中可以看出（见表 1-1）。

首先，我们只要认真观察全球国际旅游活动的地理分布格局（表 1-1），就不难发现，欧洲一直是全球国际旅游接待量最大的地区。以 2000 年的情况为例，欧洲地区的接待量约占全球总量的 57.8%；位居其次的是美洲地区，接待量约占全球总量的 18.6%；居第三位的是东亚太平洋地区，接待量约占全球总量的 16.0%。上述三个地区所占的市场份额占世界旅游市场总份额的 92.4%，所剩不足 8% 的市场份额则是由非洲地区、中东地区和南亚地区共同分享。这些数字都表示，全球国际旅游活动的分布格局明显具有集聚性的特点。

表 1-1　1990—2005 年世界各地区国际旅游接待量份额（单位：%）

年份 地区	1990	1995	2000	2002	2005
欧洲	62.4	59.4	57.8	57.5	54.9
美洲	20.5	19.7	18.6	16.8	16.5

续表

年份 地区	1990	1995	2000	2002	2005
东亚太平洋	11.5	14.8	16.0	18.3	19.3
非洲	3.3	3.3	3.9	4.0	4.5
中东	1.6	2.0	2.9	3.0	3.1
南亚	0.7	0.8	0.9	0.9	0.9

注：由于计算时四舍五入的原因，各纵列的数字之和可能不等于100%。
（资料来源：根据世界旅游组织统计数字整理。）

其次，如果将观察的范围缩小为一个国家，我们同样也会发现，来访旅游者在该国的逗留活动并不是平均地分散于各地。所以，该国境内各地的旅游接待量往往会有程度不同的差别。也正是因为各地的游客接待量不一，甚至差距悬殊，所以才会有了某地区属旅游"热点"地区，某地区属旅游"冷点"地区之类的说法。以我国2013年接待入境旅游的情况为例，该年度我国的入境旅游接待量总计为12 907.78万人次，其中广东省的接待量超过3979.90万人次，与之相比，青海和宁夏的入境旅游接待量仅分别为4.65万人次和2.54万人次。

（五）季节性

旅游的季节性是指旅游者外出旅游时间的选择和旅游目的地接待游客表现出一定的集中性，进而出现淡季、平季和旺季的差异。

旅游目的地的地理位置、气候条件以及旅游资源的不同特点会导致旅游有明显的淡季、旺季之分。我国大部分地区（尤其是北方省份）旅游目的地的客流集中于4—10月的"旅游旺季"，而每年的11月至次年的3月这段时间属于"旅游淡季"（具体每个地区淡旺季分界的日期可能有所偏移，淡旺季的时间段长短比例也会有所差别）。例如，哈尔滨的观冰灯之旅，其客流接待量会集中在冬季；内蒙古的草原风情游，旺季的客流量集中在夏季；九寨沟的童话之旅旺季客流量集中在秋季；海南岛的度假旅游，其旺季在气候温暖、阳光充足的冬季。

不同国家因为社会文化、风俗习惯而形成各自的传统假日和法定假日，使人们的出行时间集中在某些特定的时期。例如，西方国家的带薪假期多集中在6—9月；港澳台同胞和华侨多在清明节前后回祖国大陆；我国的两大节日国庆节、春节假期时间较长（黄金周），在全国范围内形成假日旅游的高潮。

视野拓展

黄金周是1999年开始实施的一种长假制度,它本指中华人民共和国境内的劳动节和国庆节这两个节日各长达7日的连续休假。劳动节7天休假称为"五一黄金周",国庆节7天休假称为"十一黄金周"。相对于其他公休假期,"黄金周"又被称为"长假",通常冠以节日名称,分别为"五一长假""国庆长假"。

1999年9月18日,中国国务院修订发布《全国年节及纪念日放假办法》,规定春节、劳动节、国庆节和新年为"全体公民假日",其中春节、劳动节和国庆节为3天,元旦为1天;还规定这四个"全体公民假日"如果适逢星期六、星期日,应当在工作日补假。

2000年,国家对国庆节、春节和劳动节这三个节日的休假时间进行了统一调整,移动节日前后的两个周末4天和法定假期3天集中休假,这样共计7天时间。

2007年12月,国务院决定:从2008年起,"五一"法定假期从3天改为1天,意味着"五一黄金周"被取消。另外,明确了中国的传统节日:春节(农历除夕和正月初一)、元宵节(农历正月十五)、清明节(公历4月5号)、端午节(农历五月初五)、七夕节(农历七月初七)、中秋节(农历八月十五)、重阳节(农历九月初九);将其中的春节、清明节、端午节、中秋节定为法定放假的传统节日。至此,中国法定假期由原来10天变为11天。

案例分析

内蒙古自治区由于气候条件的制约,相较其他城市而言,旅游淡旺季更为突出。根据内蒙古自治区的气候变化及旅游市场发展现状,内蒙古自治区的旅游业旺季主要集中于每年的5月1日至10月1日,共有5个月的时间,其中旅游客流最多的时期集中于6、7、8三个月。国庆黄金周以后气温下降很快,旅游客流迅速减少,进入旅游淡季,淡季持续时间长达7个月。尽管内蒙古自治区具有较丰富的旅游资源和多样化的旅游产品,但旅游淡季持续时间过长,不仅造成旅游客源不足,旅游收入降低,而且增加了旅游景区的运营成本和维护成本,造成旅游服务人员的流失与短缺,不利于旅游业的持续稳定发展。

小组讨论:你所在地旅游有淡旺季之分吗?淡季在什么时候?对提高淡季游客数量,你有何建议?

分析

一般来说旅游都有淡旺季之分,不同的地方旅游淡季不尽相同,应视具体情况而定。

建议:

大力开发旅游资源,丰富旅游产品的内容,提升旅游景区的文化内涵,提高当地的文明程度和旅游从业人员的服务水平。

特别提示

旅游的定义各式各样,在中国古汉语中,跟旅游相近的词还有旅行和游览。旅游和旅行有着共同的内容,但也有着明显的区别。

1.旅行的目的和范围更广。只要是离开原居住地到别处探亲访友、求学、求医、学术交流、购物经商等都可以成为旅行。旅行的内涵比旅游更为广泛。

2.旅行的时间范围更广。旅游是离开原居住地一天以上但不是永久居留。旅行可以是不足一天,也可以是几月、几年甚至更长。

3.旅游是旅行和游览两者相结合的一种活动,以游玩为主要目的,通常是团体出行,时间较短,它是一种复杂的社会现象,涉及社会的政治、经济、文化、历史、地理、法律等各个领域,同时它也是一种娱乐活动。

4.旅游不以经济活动为主,其文化内涵更丰富。

任务评价

任务评价表

序号	任务内容	任务要求	自我评价	待改进方向	备注
1	旅游的定义	掌握国际旅游组织对旅游的定义			
2	旅游的性质	熟悉旅游的性质			
3	旅游活动的特点	掌握旅游活动的特点			

任务二　识别旅游活动的类型

学习目标

1. 了解旅游活动类型划分的常用标准。
2. 熟悉不同类型旅游活动的特点。
3. 掌握有关旅游活动类型的术语及其解释。

任务描述

本任务要求学生掌握旅游活动的不同类型及特点，主要通过课前预习、课上阅读理解、分组讨论、课后复习及作业等方式达到掌握知识的目的。

情景导入

在海南东海岸万泉河出海口有个小镇叫博鳌，这里每天来参观的国内外游客络绎不绝。同学们，你知道为什么小小的博鳌，旅游名气如此之大吗？

因为博鳌不仅风光秀丽，而且举世闻名的亚洲论坛永久会址在博鳌。于是，游客纷纷慕名而来，他们有的前来观光，有的前来度假，有的前来参加商务会议，有的前来打高尔夫，有的前来进行乡村生态游……正所谓博鳌旅游丰富多彩，精彩纷呈。

同学们，你知道在日常生活中，旅游有哪些类型吗？今天，我们就带着这个问题来共同探讨学习。

相关知识

旅游是社会文明发展到一定阶段的产物，随着社会的进步，旅游活动的形式不断增多，内容不断创新，空间范围不断扩大。旅游活动也往往由于旅游者的时间、动机、地域、交通工具、经济等条件的差异而表现出不同的特色，因研究角度和采取的标准不同，可以从不同的方面对旅游进行分类。

一、按旅游区域分类

旅游活动按旅游区域进行划分，可分为国内旅游和国际旅游两类。旅游活动通常是按由近及远、先国内旅游而后国际旅游的规律发展的。

（一）国内旅游

国内旅游是指一国居民在本国领土管辖范围内的旅游，也是旅游的最基本方式。国内旅游根据旅游者的游览距离的远近又分为地方性旅游、区域性旅游和全国性旅游。

地方性旅游是指居民在本地区的旅游活动，活动范围有限、时间较短、花费较少，大部分集中在周末或节假日，一般为一日游或两日游，如周边城市游、附近乡村游等。

区域性旅游是指旅游者离开常住地到临近地区的风景名胜区的短期旅游活动。旅程短的一般历时 2～5 天，长的可达 10 天或半个月。

全国性旅游主要指对全国主要的有代表性的风景名胜的选择性观光游览。全国性旅游需要较长时间、充沛的精力和较高的费用。

（二）国际旅游

国际旅游是指旅游者离开常住国到其他国家或地区进行的旅游活动。国际旅游又可分为跨国旅游、洲际旅游和环球旅游。

跨国旅游是指旅游者离开常住国到另一个国家的旅游活动，但以不跨越洲界为界限。从国际旅游市场的游客流向来看，出国旅游的游客主要选择地域上较为临近的国家和地区为旅游目的地。例如，美国的出国游者有三分之一前往加拿大，三分之一前往墨西哥；欧洲游客绝大部分在欧洲内部流动；我国居民出国游主要到新马泰（新加坡、马来西亚、泰国，简称新马泰）等国旅游。

洲际旅游是指跨洲的旅游。这种旅游旅程较长、费用很高，西欧、北美是洲际旅游最多的地区。

环球旅游是指以世界各大洲的主要国家的港口风景城市为旅游目的地的旅游活动。目前环球旅游在国际旅游中所占比重很小，绝大多数是乘坐豪华邮轮，游客多为高收入的富豪。

二、按旅游组织形式分类

旅游活动按照旅游组织形式划分，可分为团体旅游和散客旅游两大类。

（一）团体旅游

团体旅游是将一定数量的、有着共同或相似目的的、购买同一条旅游线路或旅游项目的旅游者组织起来，以团体活动方式进行的旅游，一般团体旅游的人数应在 10 人以上，旅游者的基本活动项目的费用按一次计算，先购买后消费。团体旅游是 20 世纪 50 年代以来旅游活动中的主要方式。团体旅游省时方便，旅游中的基本活动由旅行社负责安排，让客人也比较有安全感。同时，团体旅游在价格上相对自己出行旅游要较便宜。团体旅游全程有导游的陪同,除了在吃住行方面不用操心外,还可以在导游的服务下,更好地了解旅游地的历史文化和民俗风情。但是,团体旅游缺乏自由度,无论时间、项目还是行程都必须要按照旅行社的安排进行。游客只能按事先计划行动,从而限制了个人的意志和爱好。另外,团体旅游一般行程比较紧张,再加上有的还加上购物和自费项目,让旅游者难以接受。

(二)散客旅游

散客旅游是相对团体旅游而言的,是旅游者依个人兴趣自主选择旅游项目和线路,以个人、家庭或友人结伴方式进行的旅游活动。散客旅游灵活自由,自主性和选择性较强,旅游者能根据个人意愿安排旅游日程、线路。近年来,散客旅游尤其是自驾游正朝着日渐流行的趋势发展。

三、按旅游目的分类

旅游活动按旅游目的进行划分,可分为观光旅游、度假旅游、文化旅游、宗教旅游、购物旅游、探险旅游、商务旅游几大类。

1. 观光旅游

观光旅游通常是指以领略异国他乡的自然风光、都市景观或社会风情为主要活动内容的旅游活动。观光旅游是世界上开展得最为普遍的旅游活动类型,也是目前我国旅游业接待量最大的市场类型。

2. 度假旅游

度假旅游是比较常见和重要的旅游活动。它是人们利用假期到海滨、山川、温泉等风景优美的地方去度假、消遣娱乐,以消除疲劳、增进身心健康的旅游活动。

3. 文化旅游

文化旅游通常是指以体验他乡社会、了解他乡文化为主要目的的旅游活动。由于文化这一范畴的涉及面很广,因而这类旅游活动的具体内容不尽相同,一般主要涉及了解和感受旅游目的地社会的民族历史、生活方式、风俗习惯、民族艺术、社会组织以及文化教育等。知识性和参与性是这类旅游活动的突出特点。

4. 宗教旅游

宗教旅游有时也称为朝觐旅游,指宗教信徒以前往宗教圣地朝拜为根本目的的旅游活动。宗教旅游不仅有其悠久的历史,而且至今仍是世界各地普遍可见的现象。特别是伊斯兰教、佛教和基督教的宗教圣地,以及一些著名的寺庙或教堂所在地,每年都会吸引大量的宗教旅游者。

5. 购物旅游

购物旅游是以到异地购物为主要目的,并附带进行观光游览的旅游形式。这类旅游的吸引物是丰富多彩且价廉物美的商品。随着社会经济的发展,人们的收入增长,购物消费水平提高,从而促进购物旅游的增多。如"购物天堂"香港,每年吸引大量的来自世界各地的购物旅游者,这些人的购物花费占他们全部旅游支出的一半以上。

6. 探险旅游

探险旅游通常是指那些前往某些人迹罕至的偏远之地,以开展某种自然探险为主要内容的旅游活动。如沙漠之旅,登山之旅。探险旅游活动的参加者多为中青年人士中的乐于冒险者。

7. 商务旅游

商务旅游指工商界人士因商务目的而去异国他乡访问的活动。

四、新型旅游

新型旅游包括乡村旅游、工业旅游、会展旅游。

1. 乡村旅游

作为一种新型的旅游形式,乡村旅游是以农村自然风光、人文遗迹、民俗风情、农业生产及农村环境为旅游吸引物,以城市居民为目标市场,满足旅游者的休闲、体验、观光、娱乐等多方面需求的一种旅游活动。随着城市化和工业化进程的加快,城市人口急剧增多,到郊外乡村观光旅游、休闲度假和体验农家生活的需求不断产生,乡村旅游迅速发展起来。据悉,我国乡村旅游年接待游客已超过4亿人次,乡村旅游收入超过600亿元,乡村旅游如今已成为我国旅游业的重要组成部分。

2. 工业旅游

工业旅游是以了解名牌工业产品的工艺流程、发展史和未来科技与工业的发展前景等为主要目的的具有较高科技、知识含量的一种高品位的旅游形式。工业旅游起源于20世纪50年代的法国。工业旅游在发达国家由来已久,特别是一些大企业,如德国的西门子公司、美国通用电气公司等,它们利用自己的品牌效益吸引游客,使自己的产品家喻户晓。据统计,英美等工业发达国家有15%以上的企业都在发展工业旅游。在我国,有越来越多的现代化企业开始注重工业旅游。近年来,我国著名工业企业如青岛海尔集团、上海宝钢集团、广东美的企业集团等相继向游人开放,许多项目获得了政府的高度重视。

3. 会展旅游

会展旅游是指借助举办的各种类型的会议、展览会、博览会、交易会、招商会、文化体育、科技交流等活动,吸引游客前来洽谈贸易,观光旅游,进行技术合作、信息沟通和文化交流,并带动交通、旅游、商贸等多项相关产业发展的一种旅游活动。目前,在世界上大多数国家,会议已经成为一门产业。具有展览性质的会议也在迅速增加。

五、其他方法的分类

除了以上常见的划分方法外,对旅游还有其他划分形式。如按旅游费用的来源分为自费旅游、公费旅游和奖励旅游等;按年龄划分为老龄旅游、青年旅游等;按享受程度标准分为经济旅游、豪华旅游等;按计价方式划分为包价旅游和非包价旅游;按旅游交通方式分为飞机旅游、火车旅游、游轮旅游、汽车旅游、自行车旅游、骑马旅游、徒步旅游等。

视野拓展

团队旅游和散客旅游是旅游按组织形式划分的两类旅游。近年来产生一种新兴的旅游方式——自由行。自由行是由旅行社安排住宿与交通,但没有导游随行,饮食也由旅客自行安排的一种旅游形式。旅行社推出的自由行产品主要是以度假和休闲为主要目的的一种自助旅游形式,产品以机票+酒店+签证为核心,是精心为游客打造的系列套餐产品。自由行为客户提供了很大的自由性,旅游者可根据时间、兴趣和经济情况自由选择希望游览的景点、入住的酒店以及出行的日期,自由行在价格上一般要高于旅行社的跟团产品,但要比完全自己出行的散客的价格优惠许多。自由行更自由、方便,时间安排可以随意调整,行程上的游览也任游客改变主意。由于没有购物和自费项目,游客的钱在自由行中可以花在"刀刃"上,最值得看的景点是哪儿,就到哪儿玩,都是自由活动时间。现在无论国内旅游还是出境旅游都有旅游者选择自由行的方式。在旅游者消费需求发生变化的背景下,自由行大幅增长,表现出很大的发展空间,在不久的将来将发展成为主流的出行方式。

案例分析

2008年,从美国开始泛滥全球的金融危机给全世界的旅游业造成了沉重的打击。据美国《纽约时报》报道,从2008年9月起美国的航空业和酒店业就已经面临巨大的衰退。阿根廷国家统计局日前公布的报告显示,2008年12月,阿根廷接待外国游客数量同比减少8.1%,旅游业收入同比下降8.5%。金融危机的影响使得外国游客在阿根廷的日均消费额下降24.7%。2009年,亚洲、欧洲等诸多国家的旅游业也受到了金融危机的强烈冲击。

小组讨论:经济发展是如何影响一个国家或地区旅游业的发展的?

分析

1. 旅游基础设施的投入和建设。
2. 旅游资源的开发建设。
3. 居民可支配的收入。

 特别提示

在我国，对出入境旅游的界定存在特殊情况。从严格意义上讲，无论是港澳台地区的居民前来大陆地区的旅游，还是大陆地区居民赴港澳台地区访问或旅游，均属于国内旅游。但在做旅游统计时，考虑到港澳台同胞来大陆旅游时需交付外币以及这些外汇收入对大陆地区经济具有重大意义，因此，迄今为止，在我国的旅游统计中，港澳台同胞来大陆地区旅游被视为入境旅游；与此相类似，我国大陆地区的居民赴港澳台地区的访问或旅游被视为出境旅游。

任务评价

任务评价表

序号	任务内容	任务要求	自我评价	待改进方向	备注
1	旅游活动的分类	了解旅游活动类型划分的常用标准			
2	旅游活动的特点	熟悉不同类型旅游活动的特点			
3	旅游活动的类型	掌握有关旅游活动类型的术语及其解释			

项目关键词

旅游　旅游活动　类型　国际旅游　国内旅游　团体旅游　散客旅游　其他旅游

 **课后练习题**

一、名词解释
国际旅游　国内旅游　团体旅游　散客旅游
二、简答题
1. 世界旅游组织对旅游活动是如何进行界定的？
2. 旅游活动的性质是什么？
3. 现代旅游活动有哪些主要特点？
4. 旅游活动的类型是如何划分的？

项目二　旅游的发展历程

项目概览

旅游的产生和发展不是偶然的。它是人类进化和社会、经济、文化发展到一定阶段的产物,并伴随着人类历史的演变而不断发展变化。用历史的眼光看,人类的旅游活动大致经历了三个大的发展阶段。一是限定在有闲阶层中的古代旅游,其特征是以游乐为主,规模较小。二是开始普及到中产阶层的近代旅游,它源自于人本主义意识和科学技术进步,并直接促成了现代旅游业的出现。三是社会大众共同参与的现代旅游。那么旅游是如何产生的?其经历了什么样的发展历程?这是本项目要着重阐述的内容,也是旅游概论首先要探讨的问题。

学习目标

1. 熟悉旅游的发展历程。
2. 掌握工业革命对近代旅游的影响。
3. 熟悉托马斯·库克对近代旅游的影响。
4. 掌握现代旅游迅速发展的主要原因。
5. 掌握现代旅游发展的特征。
6. 熟悉中国现代旅游业的发展情况。

任务一　了解古代旅游概况

任务描述

本任务要求学生熟悉古代旅游产生的历程,通过课前的阅读,查阅相关资料,扩充知识面,培养良好的自学能力,同时认真思考解决教材中的思考题和案例分析,达到掌握本任务知识的目的。

项目二 旅游的发展历程

> **情境导入**

在中国古代社会,不仅各地漕运水路四通八达,驿道陆路遍及各地而且西南各省有栈道,沿海地区有海运。商路的开辟为商人的出行提供了方便,据翦伯赞《中国史纲》记载,早在商代,东北到渤海沿岸乃至朝鲜半岛,东南至今日的浙江,西南至今日的鄂皖乃至四川,西北到陕甘宁绥乃至新疆,到处都有商人的足迹。春秋战国的陶朱公、吕不韦等都曾是中国古代著名的商人。

(资料来源:蔡敏华.旅游概论[M].第2版.北京:人民邮电出版社,2011.)

思考:中国历史上出现了哪些举世闻名的商路?商路的开辟及商人的出现与旅游的产生有何联系?

> **相关知识**

一、原始社会的迁徙活动

旅游现象是人类社会经济发展到一定程度的产物。关于旅游现象的具体起源时间,有人认为是起源于原始社会晚期,有些人则认为是在人类社会跨入文明阶段之后才产生的。

在原始社会早期,人类主要用石块等简陋的生产工具,在自然分工的基础上,靠渔猎和采集为生。由于生产工具的落后和生产力的低下,人类无时不处在自然灾害的侵袭和威胁之中。到了新石器时代,随着生产工具的改进,生产效率有了很大的提高。在这一时期,畜牧业和原始农业开始形成和发展,人类历史上第一次社会大分工出现,使得这一时期的生产结构发生了革命性的变化。同时,在这一时期,人类还发明了弓箭。但是,这些生产工具和生产技术的进步都未能改变当时人类社会生产的落后面貌。人们的劳动所得除供自己使用之外,几乎没有剩余。人们的社会活动基本上也只限于在自己的氏族部落范围内进行。

虽然在此之前人类也有从一个地方转移到另一地方的迁徙活动,但这些活动都是在自然因素(如气候、天灾等对生活环境的破坏)或特定人为因素(如战争)的威胁下而被迫进行的,都是出于生存的需求。因此,这一时期人类既无客观上旅行的物质基础,也无主观上外出旅行的愿望。当时人类迁徙活动的被迫性和求生性都说明它不属于现今意义上的旅行和旅游。

二、奴隶制社会时期的旅行

与原始社会比较,奴隶制社会是一个巨大的进步。它打破了原始社会氏族部落关系的狭隘性,有利于社会生产规模的扩大,有利于体力劳动和脑力劳动分工的发展,为整个人类物质文明和精神文明的进一步发展创造了条件,客观上为人类旅行提供了便利的物质条件,明显地扩大了人类旅行活动的规模和范围。在西方奴隶社会,古代旅行以古埃及、古罗马、古希腊和腓尼基的旅行活动最为著名。

古罗马时代(公元前8世纪至公元5世纪)是世界古代旅行的全盛时期。古罗马帝国的版图以罗马为中心,北到欧洲中部莱茵河、多瑙河一带,西到大西洋不列颠、西班牙,南抵北部非洲,东达西亚两河流域,地跨欧、亚、非三洲,地中海成为帝国的内湖,"条条大路通罗马"是其真实写照。古罗马修建了四通八达的公路网,它们分别由当地部门管理,并由军队保护,社会治安逐渐好转,由于空间移动的基本条件越来越完备,在一部分特权阶层中开始了以寻求乐趣为目的的闲暇性旅行,旅行超越了商务、宗教信仰,出现了以疗养、观览庙宇、欣赏建筑、游览古迹等为目的的旅行。为适应旅行的发展,古罗马帝国在去那不勒斯的沿途还建起了豪华别致的别墅,供旅游者使用。罗马帝国后期,基督教取得合法地位,朝拜圣地的宗教旅行随之兴起。

宗教旅行的鼎盛时期是在古希腊时代。古希腊的提洛岛、特尔裴和奥林匹斯山是当时世界著名的宗教圣地,在建有宙斯神庙的奥林匹亚村,奥林匹亚节是最负盛名的庆典,宙斯神大祭之日,前来参加者不绝于道。节庆期间,举行赛马、赛车、赛跑、角斗等体育活动,这种活动一直延续至今,发展成了现代的奥林匹克运动会。当时的奥林匹亚庆典纯属一种宗教活动,但它却促进了周围剧院的建立和宗教旅行的发展。后来,宗教旅行逐渐遍及全球,成为一种世界性的旅行活动。

商业旅行早在公元前3000年就产生了。被称为"海上民族"的腓尼基人,很早就有发达的商业和手工业,造船业最为发达,这为商业旅行提供了条件,因此,腓尼基人中最早出现了商务旅行。另外,波斯帝国也是较早兴起商务旅行的国家,在公元前6世纪中叶,波斯帝国兴建了两条"御道",第一条东起帝国首都苏萨,穿越美索不达米亚中心地区和小亚细亚,直抵爱琴海的以弗所,全长约2400公里;另一条大道起自巴比伦城,横贯伊朗高原,直达巴克特利亚和印度边境,这条路成为以后"丝绸之路"西端的基础。这两条道路的修建,为商业旅行的兴起和发展发挥了巨大的推动作用。

在中国的奴隶社会时期,社会经济一度繁荣,特别是在商代,由于生产工具和技术的进步以及社会分工的深入,生产效率比以往有较大提高,从而产生了剩余劳动产品,以经济为目的的旅行活动得到很大发展,从商代到春秋战国,从事贸易经济的商人的足迹几乎遍布当时他们所知道的所有范围。

三、封建制社会时期的旅行

(一) 欧洲封建社会时期的旅行

欧洲在 5 世纪开始进入封建社会。7 世纪初,穆罕默德创立伊斯兰教后,建立了阿拉伯国家,8 世纪中期形成地跨亚、非、欧三洲的大帝国。辽阔的地域、特殊的地理位置以及宗教原因,促进了旅行活动的发展。

13 世纪,欧洲的外交、贸易旅行发展起来,中世纪的城市开始复兴,中产阶级迅速成长,马可·波罗就是中产阶级的典型代表。马可·波罗 17 岁时随父亲和叔父从威尼斯出发,沿着古丝绸之路东行,横贯整个欧亚大陆,最后到达元大都北京,忽必烈接见了马可·波罗,之后马可·波罗在元朝宫廷任职 17 年,期间他到中国各地和一些临近国家进行过游览访问。后来,他回到威尼斯,经过口述,完成了不朽名著《马可·波罗游记》,此书曾引发 15、16 世纪欧洲的东方热。

15 世纪时,对外扩张的野心和对财富的狂热驱使欧洲的商人、航海家、封建主从事海洋远航。哥伦布、麦哲伦的航海旅行就兼有探险、考察的性质。

从 16 世纪开始,以教育旅行和求知为目的的旅行延续了几个世纪,但真正发展和流行起来则是在 18 世纪,并一直延续至今。

18 世纪中叶,世界上第一次出现了真正自觉的、有特定目的的自然观光旅游。一些大文豪、画家、音乐家酷爱大自然,用文学作品、画卷和音乐鼓励人们到大自然中去,为自己的创作寻觅素材。

(二) 中国封建社会时期的旅行

中国的封建社会长达 2000 多年,与奴隶社会相比,封建社会的生产关系发生了质的改变,生产力和科学技术不断进步,加上统一的国家环境,使得封建社会的政治、经济和文化都得到了进一步的发展和繁荣。社会的安定与经济的繁荣为中国封建社会时期旅行活动的发展奠定了新的物质基础。

秦王嬴政建立了中国历史上第一个中央集权制的封建国家,秦始皇成为我国封建社会帝王巡游的第一个重要代表,他先后进行过五次远途巡游,车驾所至,遍及华夏。至今,民间还流传着秦始皇巡游的种种传说故事。汉武帝在位几十年共巡游三十余次,巡游规模、声势浩大,与秦始皇相比,有过之而无不及。汉武帝还三次攻打匈奴,打通漠北交通线,两次派遣张骞出使西域,开拓了"丝绸之路"。

汉代的司马迁开启了中国古代学术考察之旅。为了写一部真实可靠、内容丰富翔实的历史著作,他周游天下,足迹几乎遍布华夏。司马迁给后世留下了垂范千古的文史巨著《史记》,他也成为中国古代学术考察之旅的典范。

魏晋南北朝时期,社会长期分裂,天下大乱,这是中国封建社会的大分裂和民族大融合时期,许多知识分子对残酷的现实世界感到恐惧和厌恶,产生了消极遁世的思想，走上把灵魂放逐于自然山水的旅行中。竹林七贤、陶渊明、谢灵运都是这一时期士人漫游的典型。这一时期还有为传经、取经开展的宗教旅行。法显因佛经中的戒律残缺不全而立志求法，65岁高龄时毅然西行，历尽千辛万苦，14年后回到国内，他撰写的《佛国记》是考察研究南亚古代史的重要著作和可贵的旅行地理文献。此时期访山问水寻求人生哲理的僧人还有于法兰、支道林、释道安、慧远等。

隋唐时期，中国封建社会处于鼎盛时期，上至帝王高官，下至黎明百姓，游历之风盛行。隋炀帝开凿了沟通南北的大运河，每次南下都声势浩大，一路劳民伤财，奢侈浪费，开创了中国古代帝王周游的新篇章。唐代的唐玄宗、武则天也曾带领文武百官组成封禅队伍，浩浩荡荡，到泰山等地封禅。初唐的王绩、宋之问，盛唐的孟浩然、王维，中唐的陆羽、张志和、柳宗元、白居易、陆龟蒙等，有的寄情山水，有的爱好出游，是名噪一时的山水游客。李白放歌纵酒，足迹遍布大半个中国，写下了大量的壮美诗篇。唐代还出现了一些著名的漫游僧侣，玄奘、鉴真是其杰出代表。玄奘一生历时17年，游历了100多个国家，对印度等国作了全面考察，他的《大唐西域记》记载和传播了古代印度的风貌。鉴真和尚不畏艰难险阻，六次东渡日本传扬佛法，对日本的社会经济和文化等产生了重要影响。

宋代旅行与唐代相比，抹去了激昂奋进，多了些内敛和理性。元代政府推行歧视汉人政策，打压了汉人的生活积极性，使得国内旅行较为平淡，而中西旅行家的往来更加频繁了一些。

明清时期，人们的旅行愿望更加强烈了，旅游不再是少数达官贵人、文人学士的专利，黎民百姓的出游热情开始被激活。尤其是明朝的国内科学考察旅行盛行，徐霞客游历千山万水，考察地质地貌，他的《徐霞客游记》是一部集地理学、地质学及游记文学的传世之作。李时珍为了钻研医药，也曾考察我国多个省区，他的《本草纲目》被誉为"东方医学巨典"。郑和曾率领明朝远洋航海船队七次下西洋，航海十万余里，他绘制的《郑和航海图》是我国最早的远洋航海地图。明朝中期以后，由于西方列强侵略我国，中国处于内忧外患之中，人们的旅行观念也逐渐发生变化。

从以上论述可以看出，我国封建社会时期已经出现了不少属于非经济目的的旅行活动，例如以张骞、郑和为代表的公务旅行，以大诗人李白、杜甫为代表的士人漫游，以玄奘、鉴真为代表的宗教旅行，以徐霞客、李时珍为代表的科学考察旅行等，这一类的旅行活动已经具备了近现代"旅游"活动的一些特质。然而，此类旅行的参与人数并不多，真正在规模上占支配地位的始终是以贸易经商旅行为代表的经济目的旅行。这就不难推断出这一时期旅行活动参与者的基本构成。

视野拓展

西方古代著名旅行家

希罗多德(前484—前425年),古希腊著名历史学家和旅行家。曾从黑海到达伊斯特尔(今多瑙河)河口,向北抵达顿河谷地、俄罗斯大草原;向东到达巴比伦和波斯;向南到达埃及。他的史学巨著《希腊波斯战争史》介绍了他所到之处的地理、民族和山川风光。

马苏第(?—956年),又译为"麦斯欧德",中世纪伊斯兰历史学家和旅行家,生于巴格达。他年轻时开始游历求学,懂波斯、希腊、罗马等国语言,从公元912年起周游中亚、印度、东非和中国沿海地区,考察各地的历史、地理、宗教和风土人情,后定居埃及,从事研究和著述,逝于开罗。他的著述旁征博引,涉及历史、地理、天文、经济、政治、宗教和人物等各方面知识,其著作被视为阿拉伯—伊斯兰文化的重要遗产。马苏第善于思考,勤于记录撰写,著述达30余种,流传于后世的以《黄金草原》和《提醒与监督》最为有名。

哥伦布(1451—1506年),意大利籍葡萄牙人,航海家。1492年航行70天发现巴哈马群岛、古巴、海地。后来,他又多次航行,发现多米尼加等岛屿和中美洲的秘鲁和墨西哥。当时他错把中美洲当成印度东海岸,所以把当地土著人称为印第安人。美洲新大陆的发现使欧洲的工业、商业、航海业受到空前的刺激,从而使资产阶级革命迅速发展起来。

麦哲伦(1480—1521年),葡萄牙著名航海家、探险家。1519年,西班牙国王派麦哲伦远航,麦哲伦于1520年4月到达南美洲南端。在之后航行的110天里,没有遇到任何大风浪,他将这片海域叫作"太平洋"。麦哲伦是环球航行第一人,用他自身的实践证明了地球是圆的。

案例分析

古罗马时期曾经是世界古代旅行的全盛时期。西方有一句闻名于世的谚语——"条条大道通罗马"。这句谚语的起源来自古罗马大道的修建。古罗马大道是以古罗马帝国首都罗马为中心通往全国的公路网。古罗马大道最初是用于战争的需要,目的是尽量缩短行军距离。在古罗马帝国建立后,战争数量大为减少,古罗马大道成为古罗马帝国的经济交通命脉,不仅促进了农业、手工业和商业的发展,也对旅行的发展起着巨大的推动作用。古罗马帝国为了给政府公务人员提供旅途休息的地方,在主要道路沿线设置了驿站,并且此时期私人旅店也逐渐出现,为旅行的发展提供了充足的住宿设施,在去那不勒斯的沿途还建起了豪华别致的别墅,供旅游者使用。另外,古罗马帝国的强大也使得其货币为各国所接受,拉丁语成为通用语言,为旅行的发展提供了更多的便利条件。罗马帝国后期,基督教取得合法地位,朝拜圣地的宗教旅行随之兴起。闻名世界的"七大奇迹"是这一时期宗教建筑的典型代表,对人们有巨大吸引力。一部分特权阶层开始了以寻求享乐为目的的闲暇性旅行,旅行超越了商务和宗教信仰,出现了艺术鉴赏、保健疗养、徒步行走、观览庙宇、欣赏建筑和游览名胜古迹等各种各样目的的旅行。

(资料来源:蔡敏华.旅游概论[M].第2版.北京:人民邮电出版社,2011.)
问题讨论:古罗马时期具备的哪些条件使其成为世界古代旅行的全盛时期?

分析

  首先,古罗马帝国修建了古罗马大道,四通八达的公路网促进农业、手工业和商业发展的同时也对旅行的发展起着巨大的推动作用,如在道路沿线设置驿站及旅馆的出现为旅行的发展提供了充足的住宿设施。其次,罗马帝国的强大使得其货币为各国所接受,拉丁语成为通用语言,为旅行的发展提供了便利条件。最后,出现了超越商务和宗教信仰的比如以艺术鉴赏、保健疗养、游览名胜古迹等为目的的各式各样旅行。

特别提示

中国古代旅行,相比世界其他国家,具有自己的特点:

1. 在封建社会及以前,中国地大物博、地形地貌复杂,社会经济较发达的时期,参与旅行的人员较多,形式多样。既有帝王、官员出于政治目的的出行,也有文人骚客的学术旅行,还有宗教信徒的朝拜之旅。各朝商路的开发,也促进了商务旅行的发展。同时,观光、探险旅行也有并存。

2. 科举制度下以赴考学子为主的学术旅行人数多,影响大。由此,大量的旅游文学作品流传下来,成为我国文学宝库中的奇葩。

3. 由于政治旅行较多,一定程度上促进了道路交通及驿站、旅店、餐饮等有关旅行设施的建设和发展。

任务评价

任务评价表

序号	任务内容	任务要求	自我评价	待改进方向	备注
1	原始社会的迁徙活动	掌握迁徙与旅行的关系			
2	奴隶社会时期的旅行	掌握商人开创旅行先河的原因			
3	封建社会时期的旅行	掌握享乐旅行出现的原因			

任务二　了解近代旅游概况

任务描述

本任务要求学生掌握产业革命对近代旅游业的影响以及托马斯·库克对旅游业的贡献，主要通过课前预习、课上学习理解、课后复习以及案例解读等方式达到掌握知识的目的。

情景导入

近代旅游的产生源自19世纪欧美地区的产业革命，随着火车、轮船的问世，大规模、远距离及有组织的近代旅游开始取代个体、分散及无组织的传统旅游行为。旅游活动的参与人数、时空跨度都发生了巨大的变化，并因此催生了为旅游者服务的行业——旅游业。近代旅游业是如何诞生和发展的呢？我们一起来看看。

相关知识

一、产业革命对近代旅游业的影响

（一）产业革命的概念

产业革命，也称工业革命，指资本主义机器大工业代替工厂手工业的过程，是历史上资本主义政治经济发展的必然产物。它于18世纪60年代首先发生在当时资本主义最发达的英国。到19世纪30年代末,产业革命在英国基本完成。19世纪下半叶、20世纪初,美、法、德、日等国先后完成工业革命。整个19世纪,工业化的浪潮席卷了世界的每一个角落,蒸汽船、火车和20世纪初出现的飞机改变了人们的旅行方式,也改变了人们对世界的认识。

(二) 产业革命对近代旅游的影响

产业革命促进了资本主义社会生产力的发展,提高了生产社会化程度,给人类社会带来了一系列的变化,对旅游的发展也有重大的影响和促进。

1. 产业革命加速了城市化的进程

由于产业革命的影响,人们生活工作的重心由农村转移到了城市,城市生活的紧张节奏和拥挤嘈杂的环境使人们产生回归自然的需求,从而刺激了旅游的发展。

2. 产业革命使大众购买能力提高,闲暇时间增多

产业革命造就了工业资产阶级和产业工人,并使得社会财富不再只流向封建社会贵族和土地所有者,工业资产阶级慢慢富裕起来,有财力外出旅游的人们增多了。随着生产力的提高和工人争取权益的不懈努力,工人阶级也逐渐加入到了旅游者队伍中来。

3. 产业革命激发了人们旅游内在动机的产生

产业革命改变了人们的工作性质和生活方式,它使大批的农民从农村走进城市,枯燥重复的机械化工业劳动使得人们产生克服工作单调性的冲动,而旅游是满足人们生活多样性的最好方式。

4. 产业革命带动了交通运输工具的革新,为远距离旅行提供了客观条件

旅游的发展与交通条件的改善息息相关,二者紧密联系在一起。新式交通工具不仅速度快、运载量大,还具有价格相对低廉的优势,这使得远距离大规模的人员流动成为可能。

二、托马斯·库克与旅游业

产业革命带来了经济的繁荣,但当时大多数人都没有旅行的经验和传统,对异国他乡的情况一无所知,而且语言和货币等问题也为人们的出行制造了障碍。所以尽管经济和社会环境使人类出游的可能性大大增加,但大多数人仍然会由于以上原因而不能外出游玩。

这个时候迫切需要某一个人或团体了解人们的这些需要,并提供相关的服务。英国人托马斯·库克正是意识到这些问题而预见到社会需要,设立了相关的机构,从而开创了近代旅游和旅游业的先河。

1808年11月22日托马斯·库克出生于英格兰德比郡墨尔本镇。托马斯·库

克自幼家境贫寒,三岁丧父,母亲改嫁,十岁时托马斯·库克迫于生计不得不辍学从业。他先在一家蔬菜花木店当帮工,每周的工钱仅为6个便士;后又当木工学徒;17岁时进入拉特兰浸礼教会做颂经人。1826年库克成为一名传教士,云游四方,散发浸礼教会的小册子,宣传教义。这使得托马斯·库克游历了英格兰的许多地方,对旅游产生了兴趣。

1841年托马斯·库克说服了570人从莱斯特乘火车经12公里到洛赫伯勒参加竞酒大会。这是第一次集体打折的包租列车旅行。托马斯·库克本人不仅发起、组织了这次活动,而且他还全程陪同照顾。这次活动成为近代旅游及旅游业的开端。这次火车团体旅游具有以下特点:1.这次活动具有较为广泛的公众性,参加者来自各行各业,他们为了参加这次活动而走到一起来,活动结束后便四散离去,彼此间不再有什么联系。这一情况同现代旅行社组织的旅行团的情况基本相同,而此前的团体旅游大都是专业团体或公司内部的员工组织的。2.托马斯·库克不仅发起、筹备和组织这一活动,而且从始至终随团陪同照顾。这一点可说是现代旅行社全程随同的最早体现。在早期铁路时代,由于乘客,甚至包括铁路公司的列车乘务人员在内,都缺乏火车旅行经验,事故经常发生,这种随团照顾显然具有重要意义。3.这次活动的参加者多达570人,规模之大在当时是空前的。这次活动为以后托马斯·库克旅行社的建立奠定了基础并提供了经验。

1845年夏季,托马斯·库克自任领队,组织了350人的消遣观光团去利物浦旅游。托马斯·库克为这次的团体旅游制订了周密的计划,事先亲自考察旅游路线、确定沿途的游览点,并与各地客栈老板商定旅客的吃住等事宜。旅行结束后,托马斯·库克还整理出版了《利物浦之行手册》发给旅游者,该手册成为早期的旅游指南。1846年,托马斯·库克组织到苏格兰集体旅游,并配有向导。旅游团在所到之处受到热烈欢迎,从此,托马斯·库克的名字开始名扬英伦二岛。1851年他组织很多人参加在伦敦水晶宫举行的世界博览会。4年后,博览会在法国巴黎举行,他再次组织50多人前往参观。在巴黎停留4天,全程采用一次性包价,包括在巴黎的住宿和往返旅费总计为36先令。当时的《曼彻斯特卫报》称此举是"铁路旅游史上的创举"。事实上这也是世界上组织出国包价旅游的开端。1872年库克自任导游,第一次开办了有10人参加、历时70天的环球旅游。1872年他还创办了最早的旅行支票,可在世界各大城市通用。此后,他率先在英国正式创办通济隆旅行社,专门经营旅游业务。至1939年通济隆在世界各地设立了350余处分社。通济隆旅行社还编印了世界上最早的旅行杂志,曾被译为七国文字。在托马斯·库克的倡导下,近代旅游开始成为一项经济活动。欧洲成立了很多类似旅行社的组织,如英国1875年成立的登山俱乐部和1885年成立的帐篷俱乐部。1850年后,美国运通公司开始兼营旅行业务。到20世纪初期,世界旅行代理业务有了很大的发展。托马斯·库克父子公司、美国运通公司、比利时铁路卧车公司成为世界旅游业较大公司。由于托马斯·库克在旅游业发展过程中所做出的杰出贡献,他被誉为"世界近代旅游业之父"。

视野拓展

交通工具的革新成为旅游业发展的助推器

蒸汽机用于陆上交通是工业革命的一个重要特征。1763年,法国工程师尼古拉·居纽组建了第一辆蒸汽机,这个模型让人们寄予了很大的希望,并为1769年建造一辆实际大小的牵引车提供了保证。后来这辆车1小时行驶3.6公里,但由于它不稳定,一次在街道拐角处倾覆,鉴于此种危险,它被搁置不用,不过它应该被看作是最早的雏形。瓦特在申请蒸汽机的专利时已经包括一项关于机车的计划,他的合作者默多克也致力于制作一辆模型机车,并于1784年做过一些实验,不过没有继续下去。1797年,特里维克西制作了一个公路机车模型,随后在1801—1808年间,制成了几辆实际尺寸的机车并进行了一系列实验,都因为效果不够理想而未受到重视。1830年,斯蒂芬森发明了在轨道上运行的机车"火箭号",以平均每小时22.5公里的速度行驶50公里,将一列火车从利物浦牵引到曼彻斯特,短短几年内,火车支配了长途运输,能够以此在公路或运河上以所可能有的更快的速度和更低廉的成本运输旅客和货物。从伦敦到埃克塞特280公里的路程,1841年公共马车需行驶21小时,1846年火车只需行驶4小时。

(资料来源:王明星.旅游学基础教程[M].北京:中国林业出版社,2009.)

案例分析

1814年7月25日,斯蒂芬森制作的第一台机车开始运行,取名为"布鲁克"号。这台机车有两个汽缸、一只2.5米长的锅炉,有凸缘的车轮防止打滑,而铁轨是平缘的。它可以拉着8节矿车,载重30吨,以每小时6.4公里的速度前行。第一次运行时,煤矿居民看到蒸汽机车行驶起来时,烟囱往外喷火,就给它取名为"火车"。"火车"这个名字在今天已经流传到全世界,而蒸汽机车被叫作"火车头",也一直沿用至今。

经过不断改进,1825年,斯蒂芬森驾驶自己设计的机车,运载450名旅客,以每小时24公里的速度从达灵顿驾驶到斯托克顿。1830年,在英国,各界人士请他修建利物浦到曼彻斯特的长达64公里的铁路,开创了陆路现代化运输繁荣新纪元。利物浦和曼彻斯特之间的铁路于1839年开始运送旅客,当时的速度是每小时30

公里(公共马车速度一般为每小时10公里),每公里收费不足1便士。之后,铁路干线在英国和欧洲大陆各主要城市之间兴建,后来又逐步延伸到日渐发展的海滨胜地。铁路公司的主要乘客也由商务旅游者转向短途旅行者,企业家们开始以特种车票的方式为公众组织短途旅行。

正如19世纪初铁路在陆地上得到发展一样,蒸汽动力技术也同样被用来在海上驱动新一代轮船。1807年罗伯特·高尔顿造出一艘长45米的蒸汽机船,又称汽船。1815年,汽船开始在克莱德河、艾冯河和泰晤士河上接纳乘客。1833年伦敦的汽船巡游业开始用大幅广告宣传画招揽游客。之后,通往北美洲的远洋航线也已开通,半岛与东方汽船航运公司被认为是首家提供远洋定期汽船服务的公司。

问题讨论:铁路、轮船时代的到来给近代旅游业带来什么影响?

分析

从案例中我们可以得知:首先,火车收费价格便宜,这使得更多的人有能力支付旅行费用,从而扩大了外出旅行的人数。其次,火车车速是当时公共马车速度的3倍,旅行速度的加快,缩短了旅行所需要的时间,从而为人们抽时间短期外出旅游提供了可能。再次,火车和轮船的运载能力大大提高,使得大规模外出旅游成为可能。最后,航线的开通为远航旅行提供了可能性。

特别提示

托马斯·库克将旅游推进到了一个新时代,为旅游业做出了重大贡献,对世界经济发展产生了深远的影响。虽然近代旅行已经发展成为旅游,旅行和旅游这项古老的社会活动开始成为一项经济活动,但是与现代旅游相比,近代旅游还未发展到能称之为单独的经济行业——旅游业的地步,从整个时代看,它只是一种局部地区少部分人经营的旅游代理业。

任务评价

任务评价表

序号	任务内容	任务要求	自我评价	待改进方向	备注
1	产业革命对近代旅游业的影响	掌握产业革命对近代旅游业的影响			

续表

序号	任务内容	任务要求	自我评价	待改进方向	备注
2	托马斯·库克与旅游业的关系	掌握托马斯·库克对旅游业的贡献			

任务三　熟知现代旅游概况

任务描述

本任务要求学生了解现代旅游业迅速发展的主要因素,现代旅游业发展的特征。主要通过课前预习、课上学习理解、课后复习以及案例解读等方式达到掌握知识的目的。

情境导入

2014年11月14日,2014年中国国际旅游交易会盛大开幕,106个国家和地区的旅游业届代表齐聚上海,共话旅游发展大计,丝绸之路、联合推广和线上线下互动成为本届旅游交易会的三大突出亮点。云南展团紧扣展会主题,各展台热闹非凡,民族歌舞引人注目,客商洽谈秩序井然,旅游商品颇具特色。云南展区丰富的旅游资源、多彩民族风情的展示及各项推介活动精彩纷呈,向海内外展示了云南建设旅游强省的决心和信心。展会上,云南精心组织了近90个展位,开展了丰富多彩的促销活动。展区总面积达924平方米,悠扬的葫芦丝、欢快的少数民族舞蹈、高亢的民族歌曲吸引了人们。云南展区重点突出云南秀丽的自然风光、多彩的民族风情、宜人的气候等特色。这样的促销方式吸引你的眼球了吗?现代旅游业发展多姿多彩,让我们一起一探究竟吧。(资料来源:根据云南旅游政务网信息整理)

相关知识

一、促进现代旅游业发展的主要因素

现代旅游是指第二次世界大战以后,特别是20世纪60年代以来,迅速普及于世界各地的社会化活动的旅游。由于世界经济得到迅速恢复和发展,人民生活水平普遍提高,旅游作为大众性的活动普遍开展起来,从而促进现代旅游业的腾飞,并形成一个完整独立的旅游经济体系,成为国民经济中一个重要的组成部分。

战后世界旅游迅速发展的原因是多方面的,但归纳起来,不外乎两大决定因素:一个是相对持续的和平大环境,另一个是现代科学技术革命的成功。前者是后者的先决保证条件,后者是现代旅游迅速发展的原因。第二次世界大战后的世界旅游之所以能迅速跨越几千年历史的局限而进入一个崭新的飞速发展阶段,其根本的原因是由于科学进步,现代技术革命提高了社会生产力水平。主要表现在以下几个方面:

第一,社会生产力水平的提高,为现代旅游和旅游业的发展提供了客观条件。社会生产力水平的提高和发展,意味着国民收入的增加和工作时间的缩短,人们的生活质量得到大幅度的改善。当人们的物质生活水平提高、无须忧虑温饱问题,就必然要求有更高层次的精神文化生活,于是,能够满足人们精神文化消费心理需求的旅游活动,就成为人们业余生活的最佳选择。

第二,社会生产力水平的提高,为现代旅游和旅游业的发展提供了物质条件。第二次世界大战后,社会生产力水平的提高,促进了现代交通运输业尤其是高速公路的快速发展,大大地改变了欧美发达国家人士的旅行方式,使汽车成为80%以上的人们在假日里进行短途旅游活动的交通工具。而高速列车的出现,超音速客机的使用,相对地缩小了世界的空间距离,缩短了人们进行国内、国际旅游的旅行时间,延伸了旅游路线,甚至可把旅游者送到遥远而偏僻的角落,从而使现代的旅游比历史上任何时代的旅游都能获得更广阔的空间。

第三,科学技术的发展,提高了旅游宣传效果和旅游组织工作效率,使现代化的旅游得以顺利发展。第二次世界大战以后,由于交通和通信网的高度发展,旅游经营者可以通过能迅速传递信息的网络、电视、电影、广播乃至幻灯和报刊杂志来展现世界各地的自然风光、文物古迹、风土人情,激发人们"想去看一看"的兴趣,消除了旅游产品无法让消费者——旅游者预先"看一看"的特殊性而造成的心理上的障碍,大大提高了旅游宣传的效果。

二、现代旅游发展的特征

现代旅游与旅游业的发展,总是与现代化、社会化大生产紧密联系,并与信息化时代相适应。因此,现代旅游与旅游业有其显著的时代特征。

(一)旅游的大众性

所谓大众性,有两层意思:一是指旅游者阶层的广泛性,普通民众积极参与,成为现代旅游的主力军,使旅游从贵族化向平民化发展;二是指规模性,即参加旅游的人越来越多。几十年以来,旅游活动在世界各国各阶层逐渐发展开来,参加人数越来越多,所去的地方越来越远。例如,1950年,国际旅游人数达2528万人,2010年上升到93 500万人,60年增加了30多倍。1950年,国际旅游收入21亿美元,2010年上升至9190亿美元,增长了400多倍。

(二)发展的不平衡

从总体上看,世界旅游业有了长足的发展,当今世界已有100多个国家(地区)经营国内、国际旅游业,现代旅游者几乎可以无处不到,但从地区来看,世界旅游业的分布却是不平衡的,欧美地区的旅游业一直占据着绝对优势。

从表2-1来看,欧洲是全球最大的旅游接待地,其接待国际旅游者人数占世界最大的市场份额,在2000年时达到57.8%;其次是美洲,在2000年时美洲接待国际旅游者占18.6%的市场份额;最为落后的旅游市场是南亚旅游市场。从发展的趋势来看,欧洲和美洲旅游市场的份额在不断下降,东亚太平洋地区市场份额增长趋势明显。

表2-1 1950—2020年世界六大旅游市场国际旅游接待人数市场份额变化(单位:%)

年份	非洲	美洲	东亚太	欧洲	中东	南亚
1950	2.1	29.6	0.8	66.4	0.9	0.2
1960	1.1	24.1	1.0	72.57	1.0	0.3
1970	1.5	23.0	3.0	70.5	1.4	0.6
1980	2.5	21.3	7.3	66.0	2.1	0.8
1990	3.3	20.5	11.5	62.4	1.6	0.7
1995	3.3	19.7	14.8	59.4	2.0	0.8
1998	3.9	19.3	13.6	60.0	2.4	0.8
1999	4.1	18.8	15.0	58.3	2.8	0.89
2000	3.9	18.6	16.0	57.8	2.9	0.9
2020	5.0	18.0	27.0	45.0	4.0	1.0

(资料来源:世界旅游组织网站)

(三)旅游需求的多样化

随着收入及生活水平的提高,人们对旅游消费的需求日益多样化,个性化趋势也越来越明显,传统的包价旅游已经远远不能满足现代旅游业的发展,新兴的自主游、自助游将逐步超过包价旅游的发展。例如,探险旅游、自驾车旅游、绿色旅游等各种名目的旅游产品都是旅游需求多样化的具体表现。

（四）竞争的激烈性

国际旅游是服务贸易的重要部分,国际旅游收入相当于世界货物与服务出口收入的 8.1%,大大超过了汽车、化工、食品及石油等产品的出口收入。今后旅游业的竞争将不仅表现在企业之间的竞争上,更重要的是国家与国家之间的竞争。今天世界各国频繁举办"旅游年",政府首脑亲自出面做广告位旅游促销,争相举办诸如世界博览会和奥运会等超大型活动,已经显现出这一趋势。

视野拓展

世界旅游日

世界旅游日(World Tourism Day),是由世界旅游组织确定的旅游相关者的节日。1970 年 9 月 27 日,国际官方旅游联盟(世界旅游组织的前身)在墨西哥城召开的特别代表大会上通过了将要成立世界旅游组织的章程。1979 年 9 月,世界旅游组织第三次代表大会正式将 9 月 27 日定为世界旅游日。选定这一天为世界旅游日,一是因为世界旅游组织的前身"国际官方旅游联盟"于 1970 年的这一天在墨西哥城的特别代表大会上通过了世界旅游组织的章程;二是因为这一天又恰好是北半球与南半球旅游旺季的相互交接时间。为了阐明旅游的作用和意义,扩大影响,促进旅游业的发展,世界旅游组织从 1980 年起每年都为世界旅游日确定一个主题。如 2008 年是"应对气候变化挑战",2010 年是"旅游与生物多样性",2013 年是"促进旅游业在保护水资源上的作用"等。

案例分析

2015 年 4 月,北京某学校"课程化研学旅行"的 170 余名师生抵达黄山市,走进黄山风景区、古徽州文化旅游区等景点,实地感受世界遗产与徽州文化的内涵,寓教于游、边玩边学。在黄山风景区黄山地质博物馆内,主办方将地质博物馆和黄山地学知识纳入研学内容,孩子们通过现场讲解和多媒体展示的方式,了解黄山地质公园基本情况,学习黄山地貌的成因和价值等知识,对黄山地质奇观和美景有了较为科学的认识,并亲自登上黄山,在游览过程中加深了学习。随后,学生们还前往古徽州文化旅游区,游览徽州古村落,实地了解徽州建筑、徽商历史等知识,感受徽文化的博大精深。

讨论:现代旅游形式多种多样,作为学生的你,如何看待现在日渐火热的研学旅游?你所在的地区,有哪些可以开展研学旅游的资源?

分析

可谈谈个人研学经历、体会,也可谈谈研学旅游的可行性条件及研学方式并结合当地情况讨论可以开展哪些研学旅游资源。

 特别提示

"二战"后,世界人口迅速增加,经济迅速发展,交通运输工具的进步、劳动者的带薪假期以及教育事业不断发展,世界旅游进入大众化旅游时代,旅游业越来越能满足旅游需求的多层次、多类型、多水平的要求。就旅游付费方式来看,有全包价、小包价、零包价等。就旅游豪华程度来说,有经济型、标准型、豪华型等。除了传统的旅游方式外,还出现很多具有鲜明特色的专项旅游产品,如蜜月旅游、美食旅游、文化旅游、寻根旅游等,还有漂流、沙漠探险、徒步穿越等特色旅游等。

任务评价

任务评价表

序号	任务内容	任务要求	自我评价	待改进方向	备注
1	现代旅游业发展的主要因素	掌握其主要因素			
2	现代旅游发展的特征	掌握其主要特征			

任务四 熟知我国旅游业的崛起

任务描述

本任务要求学生掌握中国第一家旅行社的成立、第一本《旅行杂志》出版等知识点,通过对旅游业发展历史的研究,观察影响旅游业发展的因素并总结如何完善旅游业。主要通过课前预习、课上学习、课后复习等方法学习有关我国旅游业发展的系列知识。

情境导入

2015年,苏州市住建局档案馆的工作人员无意中发现了一张民国时期的苏州地图,地图的全称叫"最近苏州游览地图",详细描绘了苏州古城区以及城外的面貌。

古城四周城墙完整,9扇城门拱卫城区。城内巷弄众多,商业繁荣,河道交错。市内交通发达,火车、小汽船、公交车一应俱全,街面车水马龙却不拥堵。地图还介绍了苏州各地的土特产,如南塘的鸡头米、太湖的鱼、阳澄湖的大闸蟹等。另外,地图的说明里对苏州的园林景点也作了简单介绍。原来当时名气最响的园林不是拙政园,"吴中诸名园之冠"说的其实是留园。这幅地图初版于民国十七年(1928年),距今87年,主要为方便来苏游客和商家使用。

由此可见,民国时期,苏州旅游已经初成规模。我国近代旅游经历了怎样的发展过程呢?我们一同来看看。

[资料来源:周蕾,林红文.民国三十六年"最近苏州游览地图"亮相苏州[J].城建档案,2015(01).]

相关知识

一、我国近代旅游业的发展

(一)旅游市场的建立

1. 上海商业储蓄银行旅行部的创设

上海在近代中国乃至世界的经济金融史上都曾占有一席之地,这个"十里洋场"曾一度商贾云集、投机风行,被称为"冒险家的乐园",到了20世纪二三十年代更是登峰造极,成为远近闻名的金融中心,在远东首屈一指。经济的发达和交通的便利为旅游业率先在上海出现和发展提供了适宜的环境条件。随着当时中外人员交往的增多,一些外国的旅行商社已经开始进入上海经营。面对当时旅游需求增长的日渐明显趋势以及外国旅行商社进入中国经营的现实,为了谋求扩大上海商业储蓄银行的生财之道,同时也是为了创办国人自己的旅行社,银行家陈光甫决定在上海商业储蓄银行的经营范围中增设一个旅行部。上海商业储蓄银行旅行部于1923年8月正式宣告成立,是中国第一家旅行社,也就是日后的中国旅行社的前身,近代中国旅游业由此萌芽。陈光甫创办这个旅行部的初衷,并非为了旅游业务本身,而是希望对抗洋人,为国争光。所以,陈光甫要求员工"既为社会服务,即无利亦须为之"。

2. 中国旅行社的独立

1927年6月1日,上海商业储蓄银行旅行部自立门户,改名为"中国旅行社",经向国民政府交通部注册、核准,领到了中国的第一号旅行执照。随着中国旅社的挂牌经营,其内部组织机构也随之扩大为七部一处:运输部、车务部、航务部、出版部、会计部、出纳部、稽核部和文书处。所经营的业务范围也相应扩大,包括代售国内外各种交通票据,代理预订并提供住宿和餐饮服务,组织团体旅游,出版期刊和编印宣传品,代办出国手续和旅行证件等。到1937年抗战全面爆发前,中旅社已经在西安、广州等处设立了56所分支社及办事处,并在我国香港和新加坡设立了分社,成为中国近代旅游业的一个标杆。

中国旅行社总社是中国最大的旅行社之一,创写了中国旅游行业的多项第一:首家接待外国旅游者,首家接待台湾同胞,首家经营中国公民出境游。"CTS中旅"商标荣获中国"驰名商标"称号,2002年度荣获中国十大公众认知商标、《中国旅游报》中国旅游知名品牌等殊荣。中国旅行社总社还曾于2002年、2004年荣获Travel Weekly旅讯"中国最佳出境游旅行社"称号。2005年被"世界品牌实验室"评为"中国最具影响力品牌",深得消费者的信赖。中旅精神:诚信为本、服务至上、拼搏奉献、永争第一;中旅口号:"中国中旅,天下一家"。

3. 1927年创刊的《旅行杂志》

中国最早的旅游类刊物,当为上海商业储蓄银行下属中国旅行社出版的《旅行杂志》。该杂志创刊于1927年春季,每3个月出一期,1年出4期,每12期为一卷,以铜版纸印刷,设编辑部于上海仁记路110号四楼。《旅行杂志》是由时任上海商业储蓄银行(简称上海银行)的总经理陈光甫先生一手策划和创办的。在民国时期,旅游一度受到社会团体和传媒的提倡。凭着商人敏锐的感觉,陈光甫意识到旅游业对社会经济生活的重要作用,不仅创办了以"发扬国光,服务行旅"为主旨的中国旅行社,而且创办了《旅行杂志》。该刊的显著特点是撰稿人均为民国时期享誉文坛的新闻界、小说界乃至政界的重要人物,文章内容多以旅游散文、随笔为主,且文笔隽永,可读性很强,配发的图片全为铜版印制,很清晰。

1927年1月至1942年12月,《旅行杂志》共计出版16卷。由于战事原因后又迁至桂林、重庆出版,1954年在北京终刊。

(二) 中国近代旅游业的基本特点

1. 近代中国旅游活动局部存在,未成规模

上海商业储蓄银行旅行部成立之初规模小,仅有五六名员工,在经历了一段艰难的时期后,中国旅行社的旅游业务蓬勃开展起来。每年的春季游杭州团、秋季海宁观潮团颇受市场好评,长线业务也逐渐开展起来,如1933年上海总社推出了华

南游业务；1937年又推出赣、闽、湘、桂、粤五省旅游业务，并多次组织游客赴日本、德国等观光游览。在开展业务的同时，中国旅行社还把建旅馆、饭店，开办招待所，看成是招徕游客、吸引资财的手段。如在徐州首设"招待所"，成功开办黄山旅社、首都饭店、洛阳招待所。为普及国人旅游知识，宣传各地名胜，中国旅行社还出版了有关旅游的书刊。早在1932年，为方便学生留美，出版了《游美手续提要》，并于同年出版了该社最早的旅游书籍《游川须知》。

2. 旅游接待不追求经济效益

旅行部运营早期，开办的服务项目众多，诸如代售国内外火车、轮船票，预订舱位，代办出国手续，运输行李，发兑旅行支票等。这些业务事繁利微，甚至纯属义务，都是被洋商旅行社不屑一顾的。但陈光甫的这家旅行部甚至对前来购票的旅客一一赠予烫金特别票夹，有时甚至连经理也亲自驾车代客购票。

二、我国现代旅游业的发展

我国现代旅游业是指1949年中华人民共和国成立以来的旅游业发展过程。

(一) 旅游业市场的逐步完善

1. 华侨服务社成立

1949年11月建立于厦门的华侨服务社(即后来厦门中国旅行社)是新中国的第一家旅行社，后在北京成立中国旅行社总社。中国旅行社总社作为全国旅行社的龙头企业，经过六十多年的发展，由一家以接待华侨、外籍华人、港澳同胞、台湾同胞为主的旅行社，发展成为入境游、出境游、国内游三业并举，每年接待数十万中外游客的国际旅行社。

2. 中国国际旅行社总社成立

中国国际旅行社总社(以下简称国旅总社，英文名称：China International Travel Service Head Office，缩写：CITS)成立于1954年，它的成立标志着中国国际旅游业的开始。2008年3月更名为中国国际旅行社总社有限公司(简称中国国旅)。是中国最早获得特许经营出境旅游的旅行社。2007年荣膺北京市首批5A级旅行社；连年被评为"首都旅游紫禁杯最佳集体"。2008年第29届北京奥运会期间，作为唯一参与接待服务工作的旅行社企业，承接四个奥运官方服务项目，被北京市政府和北京奥组委评为"北京奥运会和残奥会先进集体"。2010年上海世博会期间，成为首批上海世博旅游指定旅行社。多次获国家和北京市政府"最佳企业奖""旅行社最高创汇奖""旅行社最高外联人数奖"等奖项。连续十多年蝉联中国旅行社百强第一名，连续荣列"中国企业500强"中旅游业第一名。

中国国际旅行社精神：诚信为本、服务至上、拼搏奉献、永争第一。中国国际旅行社口号：中国国旅，天下一家。

3. 中国旅行游览事业管理局成立

中华人民共和国国家旅游局的前身是 1964 年在北京成立的中国旅行游览事业管理局,是国务院管理全国国际、国内旅游事业的职能部门。

中华人民共和国国家旅游局,简称国家旅游局(英文:National Tourism Administration,英文缩写为 NTA),是国务院主管旅游工作的直属机构。国家旅游局于 1985 年确定选用"马踏飞燕"作为中国旅游业的图形标。

4. 旅游产业政策法规的出台

国家和旅游行政主管部门根据我国旅游业发展的实际需要,制定了一系列法律、法规,并逐步形成旅游法律体系,对于保护旅游者和旅游经营者的合法权益,维护旅游业健康发展起着十分重要的作用。

(1)《中华人民共和国旅游法》于 2013 年 10 月 1 日起施行。旅游法的立法宗旨为保障旅游者和旅游经营者的合法权益,规范旅游市场秩序,保护和合理利用旅游资源,促进旅游业持续健康发展。旅游法调整的范围:在中华人民共和国境内的和在中华人民共和国境内组织到境外的游览、度假、休闲等形式的旅游活动以及为旅游活动提供相关服务的经营活动。

(2)《旅行社条例》于 2009 年 5 月 1 日起施行。该条例的宗旨在于保障旅游者和旅行社的合法权益,维护旅游市场秩序,促进旅游业的健康发展。

(3)《导游人员管理条例》自 1999 年 10 月 1 日起施行。该条例的宗旨在于保障旅游者和导游人员的合法权益,促进旅游业的健康发展。

(4)《旅游投诉处理办法》于 2010 年 7 月 1 日起施行。该条例的宗旨在于为了维护旅游者和旅游经营者的合法权益,依法公正处理旅游投诉。

(5)《环境保护法》自 2015 年 1 月 1 日起施行。该法的立法宗旨为保护和改善环境,防治污染和其他公害,保障公众健康,推进生态文明建设,促进经济社会可持续发展。

(二)旅游业的巨大成就

由于政府大力支持旅游业的发展,1978 年全国的入境旅游人数达 180 万,2008 年达 13 003 万,是 1978 年的 72 倍,我国成为全球第四大入境旅游接待国;1978 年旅游外汇收入 2.62 亿美元,2008 年 408.43 亿,是 1978 年的 156 倍,居世界第 5 位;1978 年还没有国内旅游,2008 年国内旅游达 17.12 亿人次;1978 年绝大多数中国人不知道出境游为何物,2008 年出境旅游达 4584 万人次,我国成为亚洲最大出境旅游客源国。2014 年中国旅游业实现了平稳增长。2014 年乡村旅游新增收入 400 亿元,新增就业约 20 万人,带动超过 3300 万农民受益;新增国家生态旅游示范区 36 个;新增 5A 级旅游景区 13 家。2014 年国内旅游 36 亿人次,比上年增长 10%;入境旅游 1.28 亿人次,比上年下降 1%;出境旅游首次突破 1 亿人次大关,达到 1.09 亿人次；全年旅游总收入约 3.25 万亿元人民币,比上年增长 11%。至 2014 年,中国公民出境旅游目的地国家和地区达 151 个。

视野拓展

我国饭店业的发展历史

饭店业,是旅游业重要的组成部分。我国是世界上最早出现饭店的国家之一。殷商时代的驿站、周王朝时出现的馆舍,供各种官员沿途食宿,它们可被视为早期的饭店;除此之外,还有很多民间旅店和早期城市客店。在这些形式各异的馆舍中,其中"侯馆"的规模比较大,相当于现在的宾馆或高级招待所,而当时接待一般旅客的旅馆泛称为"逆旅"。秦汉、魏晋时代,也都有专门提供食宿和服务的设施。

新中国成立后,尤其是通过 20 世纪 50 年代的社会主义改造,饭店在企业性质、职业地位、服务对象等方面都发生了根本的变化。这期间,原有的老饭店不仅得到了改造,一批新宾馆、酒店也逐步建立起来,这些酒店一般都建于全国各省的省会城市和风景游览胜地,承担着接待外宾的任务。这段时期可以说是新中国成立后我国饭店发展史上的一个重要时期。党的十一届三中全会以后(即 1978 年以后),我国实行对外经济政策,我国的饭店业进入了一个新的发展时期。在国家投资、地方集资和中外合资等多种投资形式下,兴建了一批规模宏大、设备先进的四、五星级酒店,并实行现代化的科学管理。像北京的长城饭店(Great Wall Hotel)、南京的金陵饭店(Jin Ling Hotel)、广州的白天鹅宾馆(White Swan Hotel)、中国大酒店(China Hotel)等。随着国家改革开放力度的加大,大量的国际品牌酒店进入中国,中国酒店的设备与服务逐步与国际接轨。

案例分析

广西桂林市市长唐琮沅在日前召开的桂林全市经济工作会议上透露,桂林对东盟 10 国旅游团 144 小时入境免签政策已获国务院批准,桂林由此成为中国首个获批上述政策的地级市。

唐琮沅表示,桂林将加大国际航线培育,并落实各项配套措施,使更多境外游客享受落地免签政策带来的便利;同时积极争取境外旅客离境购物退税、竞猜型体育彩票等政策落地。

桂林市出入境管理处提供的信息显示,目前桂林已开通往返马来西亚吉隆坡、泰国曼谷、新加坡等地区多条国际航线,并正筹划开通桂林至越南胡志明市、桂林至印尼雅加达等东盟国家的航线。此外,为提升旅游接待能力,桂林两江国际机场航站楼改扩建工程也在加紧建设中。

2012年11月,桂林国际旅游胜地建设正式上升为国家战略,在获批的《桂林国际旅游胜地建设发展规划纲要》中明确提出:拓展国际旅游市场,积极研究对主要旅游客源国的旅游团队在桂林机场口岸入境提供签证便利政策。

自去年7月28日桂林对51个国家公民实施72小时过境免签后,入境游客流量猛增。当天下午,韩国旅客金大泳搭乘航班KA704从中国香港飞抵桂林机场,成为享受免签政策的第一人。到香港出差的金大泳原计划办完事后回韩国,再办理手续来桂林旅游。72小时过境免签政策的实施,让他免去了诸多麻烦。他直言:"省时省钱省力,非常方便。"业内人士认为,桂林对东盟10国旅游团144小时入境免签是更大的利好,因为东盟十国是重要的传统客源国,这一政策的实施将有利于桂林吸引更多的东盟团队,同时延长游客在桂林的停留时间。

据初步统计,2014年桂林入境游客203万人次,实现旅游总收入421亿元人民币,较上年增长20.5%。

(资料来源:孟萍.桂林获批对东盟10国旅游团144小时入境免签[N].中国旅游报,2015-1-16.)

探讨:优惠的旅游政策对旅游地可持续发展起到了什么作用?

分析

1. 境外游客享受落地免签政策的优惠政策推动桂林市旅游业加速发展。桂林市政府积极引导、当地企业共同参与,携手促进旅游业发展。

2. 旅游促销提升桂林市旅游业的知名度。当地政府强化旅游宣传促销,积极开发国外客源市场,加强桂林市旅游整体形象宣传,强化国内外主流媒体宣传力度,打响"境外游客享受落地免签政策"品牌。

特别提示

2014年8月9日,国务院印发了《国务院关于促进旅游业改革发展的若干意见》,意见就树立科学旅游观、增强旅游发展动力、拓展旅游发展空间、优化旅游发展环境、完善旅游发展政策五方面提出了二十项具体要求,具体如下:

（一）创新发展理念
（二）加快转变发展方式
（三）深化旅游改革
（四）推动区域旅游一体化
（五）大力拓展入境旅游市场
（六）积极发展休闲度假旅游
（七）大力发展乡村旅游
（八）创新文化旅游产品
（九）积极开展研学旅行
（十）大力发展老年旅游
（十一）扩大旅游购物消费
（十二）完善旅游交通服务
（十三）保障旅游安全
（十四）加强市场诚信建设
（十五）规范景区门票价格
（十六）切实落实职工带薪休假制度
（十七）加强旅游基础设施建设
（十八）加大财政金融扶持
（十九）优化土地利用政策
（二十）加强人才队伍建设

任务评价

任务评价表

序号	任务内容	任务要求	自我评价	待改进方向	备注
1	中国第一家旅行社的成立	掌握时间			
2	第一本《旅行杂志》出版	掌握时间			
3	国家旅游局	掌握中国旅游业的图形标			
4	旅游业的巨大成就	掌握经济效益			

项目关键词

迁徙 商业旅行 古代旅游 近代旅游 现代旅游 中国旅行社 中国国际旅行社 国家旅游局 旅游法

 课后练习题

一、选择题

1. 1949年,新中国第一家旅行社——华侨服务社在(　　)成立。
   A. 厦门　　　B. 天津　　　C. 上海　　　D. 广州

2. 1954年,中国国际旅行社总社在(　　)成立。
   A. 大连　　　B. 天津　　　C. 上海　　　D. 北京

3. 1964年,中国旅行游览事业管理局在(　　)成立。
   A. 上海　　　B. 北京　　　C. 厦门　　　D. 广州

二、填空题

1. 国家旅游局于1985年确定选用(　　)作为中国旅游业的图形标。

2. 《中华人民共和国旅游法》于(　　)年(　　)月1日起施行。

三、简答题

1. 为什么说迁徙活动不属于真正意义上的旅游活动?
2. 为什么说商人开辟了旅游的先河?
3. 托马斯·库克对旅游业有哪些影响?
4. 第二次世界大战后旅游迅速发展的主要因素是什么?

项目三　旅游活动的构成要素

项目概览

旅游活动是一项涉及面广泛且复杂的人类活动。旅游活动的开展必须具备三大要素：一是旅游者，二是旅游资源，三是旅游业。这三大基本要素相互联系，缺一不可。学生通过自主收集资料、小组讨论、案例分析等方法，培养职业意识和分析、解决问题能力，提高个人专业素养。

学习目标

1. 了解旅游活动的构成要素及其相互关系。
2. 了解旅游者、旅游资源、旅游业的类型划分。
3. 理解、掌握旅游者、旅游资源、旅游业的定义和特点。
4. 能综合评价、分析旅游活动各要素在旅游活动发展中的作用和意义。

任务一　了解旅游活动的构成要素

任务描述

本任务要求学生了解、掌握旅游活动的构成要素。学生主要通过课前预习，课堂思考、讨论，案例分析等方式归纳、总结出旅游活动的构成要素，并能从不同角度进行论述。

情境导入

青海省旅游六要素的"六色"目标

"行有个色、游有绝色、住有暖色、吃有绿色、购有特色、娱有本色"是青海省旅游工作的"六色"目标。

行有个色：即要满足各类旅游者的旅游行程需求。针对青海省地广人稀、旅游资源独特的特点，可通过完善基础设施，积极为旅游者提供便利、快捷的交通服务。

游有绝色：青海省是一个多民族聚居的省份，各民族在保持相对独立的同时又交会融合，创造了丰富的民族民间文化，如回族、蒙古族等民族服饰、饮食、文化艺术堪称一绝。因此，青海省应在合理开发资源的同时，重点挖掘出独特的民族民间文化，提取精华，打造精品。

住有暖色：青海省可根据自身民族特色，为各类旅游者提供各种住宿接待服务场所，满足旅游者的不同需求，以达到形成特色、树立品牌、扩大影响的作用。

吃有绿色：青海省是"三江之源"，也是目前国内生态资源保护较好的地区之一。可大力开发绿色食品，使旅游者吃到高原纯粹的美食。

购有特色：青海省应结合旅游线路合理设置销售点，使"购"与"游"融为一体，并在旅游商品的开发中融入文化内涵，积极开发具有青藏高原特色的"名、优、特、奇、新"产品。

娱有本色：青海省的民族文化十分丰富，具有较强的艺术性、参与性和娱乐性，如"国际环青海湖自行车赛""中国青海郁金香节"等融民族文化和现代文化为一体的活动经常举办。

（资料来源：蔡敏华.旅游概论[M].第2版.北京：人民邮电出版社.2011.）

小组讨论：青海旅游"六色"目标涉及哪些方面？

相关知识

旅游活动的构成要素，主要是指旅游活动内容的构成要素和旅游活动体系的构成要素，常见的有"六要素"说和"三体"说。

一、"六要素"说

从旅游者开展旅游活动全过程所涉及的活动内容来说，其主要包含了行、游、住、食、购、娱6个方面，这是旅游活动中最基本的要素，它们之间相互依存。

（一）行

行，即旅游交通，是旅游活动开展的必要前提，没有"行"就没有旅游。旅游交通是帮助旅游者实现空间转移的必要手段，既包括旅游者在旅游客源地和旅游目的地之间的往返，也包括在旅游目的地之间及目的地不同景点之间的转移过程。快捷、安全和舒适的现代化旅游交通不仅提高了旅游的舒适度，也丰富了旅游活动的内容，为旅游活动的顺利进行增添了许多乐趣。

(二)游

游,即游览,是旅游活动六要素中最主要的环节,也是旅游者最期待的。通过游览能让旅游者得到满足感,从而获得身心的愉悦。

(三)住

住,即住宿,是旅游活动得以顺利进行的基本保障。无论旅游者参与何种类型的旅游活动,都需要一定的体力支持。随着旅游业的发展和旅游者需求结构的变化,旅游目的地的旅游基础设施也随之而改变,通过提供不断完善和日趋多样化的配套建设,满足不同人群的消费需求。

(四)食

食,即餐饮,是旅游供给中最基本的一项内容。对于旅游者来说,用餐不仅是为了填饱肚子,也是为了追求心理、精神、情感上的满足。美味可口的饭菜和安全、干净、轻松、愉快的用餐环境是旅游者最简单的要求,而具有当地特色、体现深厚饮食文化传统的饮食则是吸引旅游者来访的最根本原因。

(五)购

购,即购物,指旅游者在旅游过程中能够购买到当地特色产品。购物是旅游的一大乐趣,也是旅游过程中必不可少的环节之一。

(六)娱

娱,即娱乐,是旅游者在旅游活动中观赏、参与的各类文娱活动。娱乐是旅游者参观游览活动的必要补充,它使旅游活动的内容更加充实、丰富;娱乐是文化传播和交流的手段,更是延长旅游者逗留时间和增加旅游收入的有效手段。

二、"三体"说

在社会活动中,任何关系活动都是由不同的因素所构成的。在旅游活动过程中,构成旅游活动的基本要素是旅游活动的主体——旅游者、旅游活动的客体——旅游资源、旅游活动的中介体——旅游业。三者间相互依存,相互制约,紧密结合,共同构成了旅游活动的整体。

(一)旅游活动的主体——旅游者

旅游者是旅游活动的主体,一切活动的开展都是围绕着这一主体而进行的。如果没有旅游者,旅游活动就成了无源之水、无本之木。

旅游者的数量、喜好、消费水平、旅游方式、消费结构等是决定旅游业内部产业结构及关系协调的主要因素。

(二)旅游活动的客体——旅游资源

旅游资源又称为旅游吸引物,在旅游活动构成三要素中,处于客体或对象的地位。它是旅游活动得以开展的客观基础,是一个国家、地区招徕客源、开拓市场与发展旅游业的重要物质基础和条件。

（三）旅游活动的中介体——旅游业

旅游业是联系旅游者和旅游资源之间的媒介、桥梁和纽带，是推动旅游活动发展的最积极和最活跃的因素。旅游业的范围极为广泛，涉及众多的经济部门和非经济部分，如旅行社、住宿、餐饮、交通运输等行业。

案例分析

2015年春节期间，在青海省，除传统的冰雪、冰雕、民俗游等旅游产品外，青海省各地还推出了丰富多彩的春节文化旅游活动，让游客大饱眼福、口福。

主题一：在各类青海名优特产中"淘宝"

在西宁市各大商场超市内，开展了迎新春年货购物节活动，集中展示名特优商品、民族用品、商品特卖年货大集等传统年俗和时尚元素相融合的活动，吸引市民及游客欢乐购物，让青海人过个有滋有味的春节，也让外地游客尽情在青海各类名优特产和旅游纪念品中"淘宝"。

同时，省内各地还推出了第十届平安夜文化旅游艺术节、青海"过大年"系列活动、"冬游西宁"购物美食节、"我到乡村购年货"自驾游等活动，主要地区为西宁市及海东市的平安县、乐都区等。

主题二：去乡村找"年味"

无论是在乐都区体验春节民俗，观看社火、黄河灯展、舞火龙等，还是在柳湾彩陶博物馆和瞿昙寺等民俗旅游资源处感受传统文化；或者去互助土县观赏轮子秋，参与土族纳顿旅游艺术节；或者去丹噶尔古城喝腊八粥，体验民俗文化；都是不错的选择。

主题三：非遗、冰雕体验休闲 摄影采风玩转春节黄金周

春节期间，大家可以选择热贡艺术鉴赏游、土族於菟、酥油花展、丹噶尔排灯艺术展、博物馆群文化游，过一个文化春节；也可以去欣赏大美青海冰雪艺术展、欢乐夏都冬韵旅游季、互助彩虹故乡冰雪旅游欢乐节，畅快体验冬之韵；还可以到西宁市、祁连县、贵德县、大通县、都兰县等地，享受雪域温泉度假节、高原草莓采摘节、高原乡村旅游文化节等春节体验文化旅游；更可以拿着相机出发，去寻找青海蓝，看天边那朵纯洁的白，脚下流动的雪白，体验青海冬季之魅力。

主题四：感受更优美的青海湖畔景致

春节期间，青海湖四大景区均半价对游客开放。湖畔景致优美，二郎剑、沙岛、鸟岛、仙女湾等景点，各有特色。

（资料来源：根据青海新闻网信息整理）

小组讨论：
1. 以上案例中的活动体现出旅游活动的哪些要素？
2. 青海省旅游局为吸引游客而开展的活动有什么特色？

分析

1. 主要体现了旅游活动的购、游、娱三大要素。
2. 特色一：推出的各种活动项目都围绕着"春节"这一元素而开展；特色二：活动开展的项目、形式紧密结合了当地的气候条件、现有的旅游资源；特色三：活动项目丰富多彩，满足了不同游客的各种需要。

特别提示

据我国 2015—2017 年全国旅游工作规划部署，2015—2017 年旅游工作实行"515 战略"。即在今后三年，我国旅游业发展要紧紧围绕"文明、有序、安全、便利、富民强国"5 大目标，推出旅游 10 大行动，开展 52 项举措，推进旅游业转型升级、提质增效，加快旅游业现代化、信息化、国际化进程。10 大行动包括：

一、坚持问题导向，依法整治旅游市场秩序；

二、坚决惩治旅游不文明行为，营造文明旅游大环境；

三、强化底线思维，构筑旅游安全保障网；

四、发动全国旅游建设管理大行动（旅游厕所革命），加强旅游公共服务体系建设；

五、充分发挥政府和市场"两只手"作用，创新旅游产业促进机制；

六、大力开发新产品新业态，促进旅游消费转型升级；

七、打破地区藩篱，推进区域旅游一体化；

八、开拓旅游外交，构建旅游对外开放新格局；

九、深化旅游体制改革，为旅游业发展注入强劲动力；

十、积极主动融入互联网时代，用信息化武装中国旅游业和社会管理。

任务评价

任务评价表

序号	任务内容	任务要求	自我评价	待改进方向	备注
1	旅游活动的构成要素之一："六要素"说	了解构成要素的主要内容			
2	旅游活动的构成要素之二："三体"说	理解、掌握主要内容，评价、分析"三体"的相互关系			

任务二 熟悉旅游活动的主体——旅游者

任务描述

本任务要求学生掌握旅游者的定义,成为旅游者所必须具备的条件及其特点,同时了解旅游者的类型划分。学生需要结合旅游活动的概念浅谈自己对旅游者的认识和判断,并在课文阅读中归纳出国内外对旅游者的界定和分类,进而总结出关于"旅游者"的判断标准。

情境导入

一月的成都西岭雪山,上午十点,滑雪场上,人山人海。人们身着厚实的羽绒服、保暖的绒帽,驾驭着滑雪板,体会着速度带来的快感。这里,可以听到各地方言,广东话、东北话、上海话……也不乏异域语言和当地的土话。大家尽情地在这冰雪世界里嬉戏、追逐,笑声、欢声,飞得好高、好远。

你觉得,在那里欢乐嬉戏的客人,都是旅游者吗?

相关知识

旅游者是旅游活动的主体,其数量和发展水平直接影响整个旅游业的发展,因此,要想研究旅游活动,首先必须研究旅游者。目前,无论是在日常生活范围内,还是在学术界,对于"旅游者"的定义都是众说纷纭。一般来说,旅游者的定义为:个人出自寻找旅游愉悦的目的而前往异地并在该地作短暂停留的人。在对旅游者进行界定时,所采用的技术性指标通常都涉及离开定居地或惯常居住地、访问目的和在目的地停留时间这三大方面。下面介绍一些目前比较常用的有关"旅游者"的定义。

一、关于国际旅游者的界定

(一)国际联盟定义

1937年,国际联盟下设的专家统计委员会根据当时的统一和规范各成员国的旅游统计口径的需要,对"外国旅游者"做了定义:外国旅游者是指"离开自己的居住国,到另一个国家访问至少24小时的人"。同时,委员会还对旅游者和非旅游者进行了界定,具体内容见表3-1。

表3-1　国际联盟专家统计委员会对国际旅游者的定义

可列入旅游者统计范围的人员	不可列入旅游者统计范围的人员
(1)因消遣、家庭事务和健康等原因而出国旅行的人	(1)到某国就业谋职的人,不管其是否订有合同
(2)为出席国际会议或作为公务代表而出国旅行的人(包括科学学术、行政、外交、宗教、体育等方面的会议或公务)	(2)到国外定居者
(3)因工商业务原因而出国旅行的人	(3)到国外去就读,膳宿在校的学生
(4)在海上巡游过程中停靠某国港口并登岸访问的游轮乘客,即使其上岸停留的时间不足24小时(对于上岸停留时间不足24小时的游轮乘客,在统计时应另外分作一类,必要时可不考虑其惯常居住地)	(4)居住在边境地区,日常跨境上下班的人员
	(5)临时过境但不作法律意义上停留的人,即使其在到访国境内的时间超过24小时

(二)罗马会议定义

1963年,联合国在罗马召开了国际旅游会议。会议提出,在旅游统计中,将所有纳入旅游者统计范围的境外来访人员,即除了为获取报酬的就业目的之外,任何基于其他目的到一个不是自己惯常居住的国家去访问的人,统称为"游客"。"游客"分为两类:一是在目的地停留过夜的"旅游者",即到一个国家作短期访问至少逗留24小时的游客,其访问目的包括消遣(娱乐、度假、疗养、体育等)以及工商业务、家庭事务、公务出差、出席会议等。二是一日游游客,即到一个国家作短暂访问,停留时间不足24小时的游客(包括在海上巡游过程中到访并上岸访问的游轮乘客)。这一定义不包括那些在法律意义上并未进入该国的过境旅客,例如未离开机场中转区域的过境航空旅客。

(三)我国旅游统计中的界定

在我国,凡是应纳入旅游统计的入境来访人员被通称为"入境游客",是指出于观光、度假、探亲访友、就医疗养、购物、参加会议或从事经济、文化、体育、宗教交流活动等原因或目的,离开惯常居住地前来我国大陆访问,连续停留时间不满12个月,并且来访的主要目的不是通过所从事的活动获取报酬的外国人、华侨和中国港澳台居民。

"入境游客"分为两类：一是入境旅游者，指在我国内地旅游住宿设施内停留至少一夜的入境游客。二是入境一日游游客，即未在我国内地旅游住宿设施内作过夜停留，而是当日离去的入境游客。

我国的入境旅游统计工作中明确下列入境来访者不属于入境游客的统计范围，具体内容参见表3-2。

表3-2　不属于我国入境旅游统计中入境游客统计范围的人员

(1)应邀来华访问的外国部长级以上的政府官员及其随从人员
(2)外国驻华使领馆的官员、外交人员及其随行家属和家庭服务人员
(3)在我国驻期已达一年以上的外国专家、留学生、记者、商务机构人员等
(4)乘坐国际航班过境我国，不需要通过护照检查进入我国口岸的中转旅客
(5)边境地区(因日常工作和生活而出入境)往来的边民
(6)回祖国大陆地区定居的海外华侨、港澳台同胞
(7)已经在我国内地定居的外国人，以及出境后重又返回我国内地定居的外国侨民
(8)归国的我国出国人员

二、关于国内旅游者的界定

(一)世界各国的定义

对于国内旅游者的界定，目前世界各国所使用的标准还未统一。下面列举加拿大、美国、英国、法国四国对国内旅游者的定义，具体内容参见表3-3。

表3-3　加拿大、美国、英国、法国四国对国内旅游者的定义

国家	定义	判断标准
加拿大	离开惯常居住地，到至少50英里以外的地方去旅行的人	旅行距离
美国	为了出差、消遣、个人事务或者出于工作上下班之外的任何原因而离家外出旅行至少50英里的人，而不管其在外过夜与否	

续表

国家	定义	判断标准
英国	出于日常上下班以外的任何原因,离开居住地外出旅行,至少在外过夜一次的人	是否在外停留过夜
法国	出于消遣、保健、会议、商务、修学等目的,离开居住地外出旅行超过24小时,但在外连续停留时间不足4个月的人	

(二)我国旅游统计中的界定

在我国旅游统计中,凡纳入国内旅游统计范围的国内外地来访人员,统一称为"国内游客"。具体解释是:任何因休闲、娱乐、观光、度假、探亲访友、就医疗养、购物、参加会议或从事经济、文化、体育、宗教活动等原因,离开惯常居住地,到我国境内其他地方访问,连续停留时间不满6个月,并且主要访问目的不是去从事从所到访地区获取报酬的活动的我国内地居民。

国内游客分为国内旅游者和国内一日游游客两类。

国内旅游者:离开惯常居住地,去我国大陆境内其他地方旅行和访问,并在到访之地的旅游住宿设施内逗留至少一夜,连续停留最长不超过6个月的国内游客。

国内一日游游客:离开惯常居住地,去我国大陆境内10公里以外的其他地方去旅行和访问,出游时间超过6个小时但不足24小时,并且未在所到访地区的旅游住宿设施内停留过夜的国内游客。

我国的国内旅游统计中规定,下列外出旅行的人员不纳入国内游客的统计范围,具体内容参见表3-4。

表3-4 我国国内旅游统计中不纳入国内游客统计范围的人员

(1)去外地巡视工作的部级以上领导干部
(2)驻外地办事机构的临时工作人员
(3)调遣的武装人员
(4)去外地就读的学生
(5)去外地下基层锻炼的干部
(6)去国内其他地区定居的人员
(7)无固定居住地的游民

案例分析

历经各种磨难西行取经的唐僧师徒四人,郑和的不远千里七次下"西洋"远航,微服私访的乾隆皇帝,到普吉岛度蜜月的新婚夫妇,长途跋涉到少林寺修行的英国小伙子,被邀去北京开会的人大代表……

小组讨论:你认为,他们中谁才是真正的旅游者呢?

分析

从严格的旅游者定义来说,到普吉岛度蜜月的新婚夫妇是真正的旅游者。其他类型的人,可以在某种特定情况下转化为广义的旅游者。

视野拓展

2015年春节假日前夕,国家旅游局发布春节出游提示,提醒游客应文明出游,当好文明旅游的使者。广大游客要从自身做起,遵守《中国公民出境旅游文明行为指南》和《中国公民国内旅游文明行为公约》等文明行为规范,遵守相关法律法规,尊重当地的风俗习惯、文化传统和宗教信仰,自觉遵守公共秩序和社会公德,爱护环境,举止得体,文明出游,争做文明旅游者。

各级旅游管理部门要加强文明旅游宣传、教育、督查工作;旅游企业要做好从业人员的培训教育,引导游客文明旅游、安全旅游;旅行社要把好"组团关""落地关""行程关";导游、领队要真正肩负起文明旅游宣传员的职责。

国家旅游局提醒游客在行前要密切关注并了解旅游目的地的天气、卫生、交通、自然灾害、社会治安等情况,外出旅游时听从导游或领队人员的安全提醒,留意交通、治安等安全风险。选择适合自身条件的旅游项目并尽量避免独自从事探险旅行。视自己的身体情况,选择旅游目的地、旅游线路、旅游产品。避免在不安全海域、水域游泳,尽量结伴活动并携带救生设备。外出时请尽量使用银行卡,不要携带大量现金,注意看管好随身携带的行李物品,避免丢失。出境旅游遇突发事件时保持冷静,并及时与当地警方和中国使领馆联系。

国家旅游局部署各地在2015年春节期间集中开展旅游市场秩序专项整治行动。围绕"文明、有序、安全"主题,依法整治旅游市场秩序,重点整治欺行霸市、垄断市场、非法经营、欺客宰客、强迫消费等行为,让游客放心消费,高兴而来、满意而归。游客报名参加旅行社组织的团队旅游,要签订旅游合同,并按照合同约定合理维权。途中遇有突发情况时,要听从旅行社导游、领队安排,配合有关方面采取措施降低损失。

 特别提示

2015年被国家旅游局确定为"美丽中国——丝绸之路旅游年",同时"一带一路"的战略实施使得区域旅游的一体化进程加快。据国家旅游局数字显示,2015年上半年国内旅游人数达20.24亿人次,同比增长9.9%;国内旅游消费1.65万亿元,同比增长14.5%,比社会消费品零售总额增速高4.1个百分点。旅游景区接待人数同比增长8.7%,旅游收入同比增长12.4%,其中门票收入增长8.3%。星级饭店经营出现回暖趋势,客房收入和平均房价增幅约1%。旅行社接待国内游人数增长7.8%,组织出境游人数增长35.2%。

(资料来源:国家旅游局网站)

任务评价

任务评价表

序号	任务内容	任务要求	自我评价	待改进方向	备注
1	国际旅游者的界定	掌握国际旅游者定义的界定和区分并能作出辨析			
2	国内旅游者的界定	掌握国内旅游者定义的界定和区分并能作出辨析			

任务三　掌握旅游者产生的条件

任务描述

本任务要求学生熟悉掌握产生一名现实的旅游者所具备的主、客观条件。

情境导入

歌曲：

我想去桂林

在校园的时候曾经梦想去桂林，	到那山水甲天下的阳朔仙境。
漓江的水呀常在我心里流，	去那美丽的地方是我一生的祈望。
有位老爷爷他退休有钱有时间，	他给我描绘了那幅美妙画卷。
刘三姐的歌声和动人的传说，	亲临其境是老爷爷一生的心愿。
我想去桂林呀，我想去桂林，	可是有时间的时候我却没有钱。
我想去桂林呀，我想去桂林，	可是有了钱的时候我却没时间。

这首歌表达了一个人渴望游览、领略桂林风光山水的美好愿望，读了歌词，大家认为，要想实现这个愿望成为真正的旅游者应该具备哪些条件呢？

相关知识

一个人要想成为一名现实的旅游者，需要同时具备三个方面的条件，从客观条件而言，一是收入，二是时间；从主观条件而言，必须具备旅游动机。

一、客观条件

(一) 足够的、可自由支配的收入

对旅游者而言，要实现旅游的首要条件是必须具备一定的经济收入。国际上普遍认为，当人均国民生产总值超过 800 美元，就会产生旅游动机，如表 3-5 所示。

表 3-5　人均国民生产总值与出游动机的关系

人均国民生产总值范围(美元)	800~1000	4000~10 000	≥10 000
出游动机范围	国内旅游动机	出国旅游动机	洲际旅游动机

个人或家庭的收入不可能全部都用于旅游,所以,可自由支配收入为旅游者外出旅游提供了必要的物质基础。

可自由支配收入是指个人或家庭总收入中扣除应纳所得税、社会保障性消费(指应由个人负担的养老金、失业保险、健康保险等费用,这些费用通常在发放工资时扣除)以及日常生活必须消费部分(衣、食、住、行等)之后的余额。它不仅影响着一个人能否实现其旅游需求,而且会影响其在外旅游期间的消费水平和消费开支的构成,也会影响对出游目的地和旅行方式的选择。

(二)足够的闲暇时间

一般而言,人的时间可分为工作时间、生活时间和闲暇时间三个部分。闲暇时间是人们除去工作和生活时间以外,可用于自由支配,从事娱乐、消遣、社交或其他自己感兴趣的活动的时间。闲暇时间是决定人们是否成为旅游者,是否参与旅游活动的又一重要的客观条件。

闲暇时间可分为以下几种:

1. 每日闲暇,即每天除工作、学习和生活之余的闲暇时间。其虽可用于休息或娱乐,但量小而零散,不足以用于外出旅游。

2. 周末闲暇,即周末工休时间。目前,绝大多数国家已实行了5天工作制,周末休息两天。此种闲暇时间比较集中,可用于开展近距离的周末度假或一日游活动。

3. 公共假日,即法定的公共节假日。由于各国的历史文化传统不同,公共假日的分布也不尽相同。西方国家最重视的公共假日是圣诞节和复活节。目前我国每年的公共假日累计为11天,包括元旦、春节、清明节、劳动节、端午节、中秋节和国庆节。较长的假期,为人们的外出旅游度假提供了条件。

4. 带薪假期。目前发达国家大都规定在职人员享有带薪年假,但各国实行带薪假期制度的具体情况不尽相同。法国是第一个以立法形式规定在职人员享有带薪假期的国家,它在1936年就规定每年每个劳动者可享有6天的带薪假期。瑞典是全球节假日最多的国家之一。除了每周的双休日,每年还有圣诞节、新年、复活节等共13天假期。瑞典《劳动法》规定,工作满180天的雇员每年享有带薪休假5周的权利。我国《职工带薪年休假条例》已经于2007年12月7日在国务院第198次常务会议上通过,自2008年1月1日起施行。条例规定,职工累计工作已满1年不满10年的,年休假5天;已满10年不满20年的,年休假10天;已满20年的,年休假15天。国家法定休假日、休息日不计入年休假的假期。由于这段闲暇时间量大且连续集中,因而往往成为人们外出旅游度假,特别是开展远程旅游的最佳时机。

二、主观条件

（一）旅游动机

一个人仅仅具备成为旅游者的客观条件,不可能成为真正的旅游者,只有从主观上有旅游意愿,才能成为现实的旅游者。所以,旅游动机是人们成为旅游者需要具备的主观条件。

动机是什么？动机就是激励人们行动的主观因素。动机是需要的表现形式,一个人的行为动机总是为满足自己的某种需要而产生的,有什么样的需要就会有什么样的动机表现出来。

旅游动机是指激励人们产生旅游活动意向,以及到何处去并进行何种旅游的内在驱动力。旅游动机研究的理论基础是人类需求层次学说。这一学说是由美国著名心理学家亚伯拉罕·马斯洛在1943年提出的。这个理论提出人有五个层次的需要：

(1) 生理需要：即衣、食、住等人类生存最基本的需要,也是最低层次的需要；

(2) 安全需要：即治安、稳定、秩序和受保护等的需要；

(3) 爱的需要（社会需要）：即希望被社会所接受,使精神上有所归属,如亲情、友情、爱情等方面的需要；

(4) 尊重的需要：即在社交活动中受人尊重和尊重他人,从而获得社会地位、荣誉和权利的需要；

(5) 自我实现需要：自我实现需要是人们所追求的最高目标,是最大限度地开发自身的潜能,挖掘自身的潜力,实现自己的理想和抱负的需要。

（二）旅游动机的基本类型

1. 身体健康动机：人们为了满足休憩、娱乐、度假、疗养、运动等恢复或保持身心健康的需要而产生的动机。

2. 文化动机：人们为了了解自己生活环境和知识范围以外的事物的需要而产生的动机。如了解和体验、探究异国他乡的历史、音乐、艺术、民俗、舞蹈、绘画、宗教、生活方式等。

3. 交际动机：为满足人们保持与社会的经常接触、进行社会交往的需求而产生的动机。如探亲访友、寻根怀旧、结识朋友或希望受到尊重,获得地位、阅历和声望等。

案例分析

为了减轻"黄金周"给游客的出游,旅游经营和管理企业的运输、接待等方面带来的诸多压力和弊端,现有两条建议:一是将每周五天工作时间延长为六天,在每个月月末加一个四天连休的假期;二是加快、普遍实行带薪假期制度,延长原有的带薪假期时间。

试分析这两条建议的优缺点,你自己有什么样的看法呢?

分析

在每个月月末连休一个四天假期,可以给人们的出行提供充分的时间,让大家的旅游不再匆忙,有更多的时间慢慢走、慢慢看。但是时间一旦相对集中,就会出现扎堆旅游的火爆场面,易导致交通拥堵、景区接待量超载等不良影响。带薪假期制度的实施说明企业、单位和个人可以根据各自的实际需要和实际情况去选择休假的时间,这将大大缓解游客相对集中在某些时间段外出旅游带来的各种不良作用和弊端。

视野拓展

表3-6 部分国家和地区休假时间比较

国家和地区	区域	法定节假日（天）	法定节假日天数排名	最低带薪休假（工作日）	合计天数	合计天数排名
哥伦比亚	南美	18	1	15	33	20
马来西亚	东南亚	16	2	16	32	26
黎巴嫩	西亚	16	2	15	31	32
印度	南亚	16	2	12	28	44
泰国	东南亚	16	2	6	22	59
日本	东亚	15	6	20	35	11
塞浦路斯	西欧	15	6	20	35	11
斯洛伐克	中欧、东欧	15	6	20	35	11

续表

国家和地区	区域	法定节假日（天）	法定节假日天数排名	最低带薪休假（工作日）	合计天数	合计天数排名
韩国	东亚	15	6	19	34	17
菲律宾	东南亚	15	6	5	20	61
马耳他	西欧	14	11	24	38	1
西班牙	西欧	14	11	22	36	6
摩洛哥	非洲	14	11	18	32	26
智利	南美	14	11	15	29	40
印尼	东南亚	14	11	12	26	51
土耳其	中欧、东欧	13.5	16	17	30.5	37
奥地利	西欧	13	17	25	38	1
葡萄牙	西欧	13	17	22	35	11
克罗地亚	中欧、东欧	13	17	20	33	20
立陶宛	中欧、东欧	13	17	20	33	20
斯洛文尼亚	中欧、东欧	13	17	20	33	20
中国台湾	东亚	13	17	15	28	44
玻利维亚	南美	12	23	25	37	3
希腊	西欧	12	23	25	37	3
委内瑞拉	南美	12	23	25	36	6
秘鲁	南美	12	23	22	34	17
阿根廷	南美	12	23	20	32	26
捷克	中欧、东欧	12	23	20	32	26
拉脱维亚	中欧、东欧	12	23	20	32	26
俄罗斯	中欧、东欧	12	23	20	32	26
南非	非洲	12	23	15	27	49
中国香港	东亚	12	23	14	26	51

续表

国家和地区	区域	法定节假日（天）	法定节假日天数排名	最低带薪休假（工作日）	合计天数	合计天数排名
波兰	中欧、东欧	11	33	26	37	3
法国	西欧	11	33	25	36	6
瑞典	西欧	11	33	25	36	6
巴西	南美	11	33	22	33	20
意大利	西欧	11	33	20	31	32
新西兰	大洋洲	11	33	20	31	32
新加坡	东南亚	11	33	14	25	53
巴基斯坦	南亚	11	33	14	25	53
中国内地	东亚	11	33	10	21	60
芬兰	西欧	10	42	25	35	11
卢森堡	西欧	10	42	25	35	11
匈牙利	中欧、东欧	10	42	23	33	20
挪威	西欧	10	42	21	31	32
比利时	西欧	10	42	20	30	38
澳大利亚	大洋洲	10	42	20	30	38
美国	北美	10	42	15	25	53
丹麦	西欧	9	49	25	34	17
阿联酋	西亚	9	49	22	31	32
德国	西欧	9	49	20	29	40
爱尔兰	西欧	9	49	20	29	40
瑞士	西欧	9	49	20	29	40
乌克兰	中欧、东欧	9	49	18	27	49
厄瓜多尔	南美	9	49	15	24	56
越南	东南亚	9	49	14	23	57

续表

国家和地区	区域	法定节假日（天）	法定节假日天数排名	最低带薪休假（工作日）	合计天数	合计天数排名
加拿大	北美	9	49	10	19	62
英国	西欧	8	58	28	36	6
荷兰	西欧	8	58	20	28	44
罗马尼亚	中欧、东欧	8	58	20	28	44
塞尔维亚	中欧、东欧	8	58	20	28	44
墨西哥	南美	7	62	16	23	57

（资料来源：人民网）

 特别提示

马斯洛需求层次理论亦称"基本需求层次理论"，是行为科学的理论之一，由美国心理学家亚伯拉罕·马斯洛于1943年提出。该理论将需求分为五种，像阶梯一样从低到高、逐级递升，分别为：生理需要、安全需要、爱的需要、尊重的需要、自我实现需要。五种需求可以分为两级，其中生理需要、安全需要、爱的需要都属于低级的需要，这些需求通过外部条件就可以满足；而尊重的需要、自我实现需要是高级需要，它们是通过内部因素才能满足的，而且一个人对尊重和自我实现的需要是无止境的。

同一时期，一个人可能有几种需要，但每一时期总有一种需要占支配地位，对行为起决定作用。任何一种需要都不会因为更高层次需要的发展而消失。各层次的需要相互依赖和重叠，高层次的需要发展后，低层次的需要仍然存在，只是对行为影响的程度大大减小。

马斯洛和其他的行为心理学家都认为，一个国家多数人的需要层次结构，是同这个国家的经济发展水平、科技发展水平、文化和人民受教育的程度直接相关的。在不发达国家，生理需要和安全需要占主导的人数比例较大，而高级需要占主导的人数比例较小；在发达国家，则刚好相反。

任务评价

任务评价表

序号	任务内容	任务要求	自我评价	待改进方向	备注
1	旅游者产生的条件之一：客观条件	掌握、理解可自由支配收入和闲暇时间的定义以及它们对旅游活动的意义			
2	旅游者产生的条件之二：主观条件	掌握并运用马斯洛需要层理论的内容			

任务四 熟悉旅游活动的客体——旅游资源

任务描述

本任务要求学生熟悉掌握旅游资源的定义、特点以及如何合理对旅游资源进行开发和保护，主要通过课前资料收集（如收集当地的各类旅游资源，并分类）、课堂中阅读理解、分组看图讨论、课后复习以及案例解读等方式达到掌握知识的目的。

情境导入

你想去法国吗？美丽的普罗旺斯，薰衣草的故乡，大片大片的紫色，使这个城市神秘、梦幻。阿尔卑斯山——著名的滑雪胜地，它的美，只有亲眼目睹过的人才能相信。巴黎圣母院、埃菲尔铁塔、卢浮宫、凯旋门以及蜿蜒多姿的塞纳河，将历史的厚重呈现在人们的面前。法国人酿造出世界上最美味的葡萄酒，他们调配出最有诱惑力的香水，他们裁制出最华美的服装，引领着世界时尚的发展。制作考究的食物，鲜美的口感，配上精美的食器、烛台、萦绕耳旁的音乐，这一切都使人们陶醉其中。

法国外交部网站（diplomatie.gouv.fr）4月7日发布公报称，根据经财部企业总司的调查数据，法国2014年接待游客8370万人次，同比微增0.1%，蝉联世界第一大旅游目的地桂冠。法国外长法比尤斯在公报中表示,来自遥远国家的游客数量同比大增8.7%,尤其是亚洲游客的增幅高达16%,相比之下,欧洲游客数量下降了1.7%。他特别指出,得益于48小时签证发放措施,2014年中国游客申请签证的数量同比增加了61%,2015年则继续保持了强劲增长态势,头两个月增幅分别达到38%和65%。

法比尤斯表示,为吸引外国游客,法国政府自去年6月以来实施了一系列便利措施,如巴黎机场免费无线上网、出租车统一定价、机场和巴黎市中心开辟一条交通快道、周日商场营业和夜间某些商业区营业等,目前看来成效显著。

(资料来源:陈奕薇.2014年法国蝉联世界第一大旅游目的地桂冠[N].证券时报,2015-4-9.)

法国为什么会成为世界第一旅游目的地呢?

相关知识

旅游资源是旅游活动的客体,是实现旅游活动的基本要素之一,是旅游业建立和发展的前提条件。对于旅游者来说,旅游资源是其为之而来进行参观、游历、考察或访问的对象。因此,旅游资源的本质特征在于对旅游者具有吸引力。

对于旅游目的地国家或地区而言,旅游资源则是其能够吸引旅游者来访的前提条件,也是该地旅游业赖以生存和发展的根本基础。旅游目的地对旅游资源的拥有情况和开发管理水平决定着它在市场上的竞争力。

一、旅游资源的定义

什么是旅游资源呢?美丽的风光?得天独厚的地理环境?神秘多彩的民族风情?旅游资源是一个内涵十分丰富的概念,随着旅游需求的不断发展和多样化,旅游资源的内涵也在不断延伸,因而,人们对它的定义各不相同,各有侧重。我们来看看国内比较具有代表性的几种观点:

1. 自然界和人类社会凡能对旅游者产生吸引力,可以为旅游业开发利用,并可产生经济效益、社会效益和环境效益的各种事物现象和因素,均称为旅游资源。(国家旅游局2003年颁布的《旅游规划通则》)

2. 旅游资源是指对旅游者具有吸引力的自然存在和历史文化遗产,以及直接用于旅游目的的人工创造物。(保继刚,1993)

3. 凡是足以吸引旅游者的自然和社会因素,亦即旅游者的旅游对象或目的物都是旅游资源。(邓观利,1983)

4. 从现代旅游业来看,凡是能激发旅游者旅游动机,为旅游业所利用,并由此

产生经济价值的因素和条件即旅游资源。(邢道隆,《谈谈旅游资源》)

5. 对旅游资源的定义比较确切和规范的是:"所谓旅游资源是指:自然界和人类社会,凡能对旅游者有吸引力、能激发旅游者的旅游动机,具备一定旅游功能和价值,可以为旅游业开发利用,并能产生经济效益、社会效益和环境效益的事物和因素。"(国家旅游局和中国科学院地理研究所制定的《中国旅游资源普查规范(试行稿)》)

西方国家将旅游资源称作旅游吸引物(tourist attractions),西方学者则认为,旅游资源不仅包括旅游地的旅游对象物,还应包括接待设施、优良的服务因素以及舒适快捷的交通条件。

无论哪种说法,我们都可以看出,它们有共同之处:第一,旅游资源既包括自然形成的,也包括人类社会创造的,是客观存在的;第二,旅游资源和旅游者密切联系,能激发旅游者的旅游动机,是旅游者旅游活动的对象,能满足旅游者的旅游需求;第三,旅游资源与旅游业直接联系,它可以为旅游业开发利用,并能为旅游业创造全面的效益。以上三点也是旅游资源的本质属性。

二、旅游资源的类型划分

我国的旅游资源丰富,范围广泛。根据不同的标准,可以划分为不同的类型。具体如下:

(一)按照成因或内容属性进行划分

1. 自然旅游资源

自然旅游资源是指生成于天然,以大自然为吸引力本源的旅游资源。其表现形式很多,主要可分为以下几种:

(1)气候资源:如阳光充足、空气清新、气温舒爽宜人、风和日暖等。世界上几乎所有著名的旅游度假胜地无一例外都以宜人的气候条件吸引着大量的游客,例如地中海地区的阳光、海水、沙滩;东南亚的热带海滨风光等;

(2)风光地貌或自然景观:如辽阔的草原绿地、气势宏伟的山川湖泊、罕见的地质结构、壮观的瀑布、火山区以及奇特的洞穴等;

(3)动植物资源:森林、珍稀树种、奇花异草、珍禽异兽等,例如位于南美洲亚马逊盆地的亚马逊热带雨林、海南岛鹦哥岭自然保护区、美国黄石国家公园等;

(4)天然疗养资源:天然矿泉、泥浴场、疗养温泉以及其他各种具有医疗保健或美容作用的天然资源。

2. 文化旅游资源

文化旅游资源是以文化事物为表现内容的旅游资源,属人造资源的范畴。一般可分为以下几种:

(1)历史文物古迹:如北京的故宫、甘肃的敦煌石窟、陕西的秦始皇陵及兵马俑等;

(2)民族文化及其表现场所:如我国各地不同的春节习俗,云南傣族的泼水节、海南的军坡节、公期等民间节日;

(3)重大的体育和文化盛事:如奥林匹克运动会、国际足联世界杯、格莱美奖(美国每年年度大型音乐评奖大奖);

(4)以主题公园为代表的人造游乐场所或现代人造旅游景点:最负盛名的是分布全球各地的迪士尼主题公园。

3.社会旅游资源

我们将那些既非自然资源,亦非真正"人文"概念性质的旅游资源称为社会旅游资源,其常见的类型有:

(1)经济建设成就:例如改革开放后的深圳市以飞速发展和令人瞩目的成绩吸引了海内外游客的来访,三峡工程的修建和开发也引发了众多旅游者的游览兴趣。

(2)科技发展成就:例如美国的国家宇航中心,我国的卫星发射基地等。

(3)社会发展成就:例如发展较好的学校、养老院、居民社区等。

(4)好客的社会氛围:当地居民对外来访问者的友好态度也可以构成一种旅游资源,如美国夏威夷的热情好客精神。

(二)按照是否具备可再生性进行划分

1.可再生性旅游资源

可再生性旅游资源是指在旅游过程中被消耗或部分消耗后,仍可通过适当途径进行人工再造的旅游资源,如旅游纪念品、土特产品或主题公园等。

2.不可再生性旅游资源

不可再生性旅游资源是指那些自然生长或在漫长的历史发展过程中形成的遗产资源。它既包括自然旅游资源,也包括人文旅游资源,如古建筑、古文化遗址、湖泊景观等。这类旅游资源一旦被破坏就难以恢复,即使能部分修复,其原本的价值也将大大降低。

(三)按照存在或使用状态进行划分

1.现实的旅游资源

指本身对旅游者具有吸引力,并且事实上正在接待游客来访的旅游资源。如目前各种运营中的旅游景区景点。

2.潜在的旅游资源

指本身对旅游者具有吸引力,但由于开发条件不成熟,尚未供给游客正常享用的吸引力事物。

(四)按旅游资源品位或市场影响范围进行划分

1. 世界级旅游资源

世界级旅游资源是经联合国教科文组织批准,列入《世界遗产名录》的名胜古迹,以及被列入联合国"人与生物圈"保护区网络的自然保护区。如中国北京故宫博物院、日本的富士山、印度的泰姬陵、澳大利亚的大堡礁、埃及的孟菲斯及其墓地金字塔、美国自由女神像、捷克的布拉格历史中心等。这些资源有着世界级的知名度,是全人类的宝贵遗产,也是人们向往的旅游目的地。截至2015年7月中国有世界遗产48处。

2. 国家级旅游资源

国家级旅游资源包括由国务院审核公布的国家重点风景名胜区、历史文化古城、国家重点文物保护的单位以及由林业部批准设立的国家级自然保护区和国家森林公园。如山西五台山国家风景名胜区、河北承德市、河南白马寺、湖南桃花源森林公园等。这些资源享誉全国,有较大的市场影响力。

3. 省级旅游资源

省级旅游资源主要包括省级风景名胜区、省级历史文化名城名镇、省级文物保护单位、省级自然保护区、省级森林公园等。这类旅游资源在本省及周边地区有较大的市场影响力。

4. 市(县)级旅游资源

市(县)级旅游资源主要包括市(县)级风景名胜区、市(县)级文物保护单位等。

这类旅游资源的知名度和影响力主要限于当地和周边临近地区。

三、旅游资源的特点

旅游资源不同于传统的土地、水体和矿产等资源,它是一种特殊的资源,具有如下特点:

(一)涉及范围的多样性

从旅游资源的定义和分类中就可看出它的种类是多种多样的。既有自然事物,也有文化事物或社会事物;既有历史遗留下来的事物,也有当代人造的事物。如既有地理地貌、气象气候、优美风景等自然旅游资源,也有文物古迹、民族风情、人造主题公园等文化旅游资源。总之,任何能够造就对旅游者具有吸引力环境的事物皆可成为旅游资源。

(二)吸引力的定向性

旅游资源的吸引力的大小在一定程度上取决于旅游者的主观能动性。即就某项旅游资源而言,可能对某些旅游者具有很大的吸引力,而对另外一些旅游者则无多大的吸引力。如对城市人来说农村田园风光能吸引他们的目光，而对农村人来说城市的高楼大厦才能吸引他们。

（三）遗产资源的不可移动性

除当代人造资源以外，大多数旅游资源，特别是一个国家或地区的历史文化遗产和自然遗产，都具有空间上不可移动的特点。虽然当今的经济和技术条件可以仿造出现代的景观，但这些仿造物由于脱离了特定的历史背景和空间环境，从而使该事物失去了原本具有的价值和意义，其吸引力和吸引力对象也会随之而发生变化。

（四）易损性

无论任何种类的旅游资源，如果频繁开发、管理不善或使用不当，都会遭受各种形式的破坏，甚至不可再生。例如，人类的非法采伐、偷猎、对历史文物的乱刻乱画、随意丢弃垃圾等行为都将造成对旅游资源和环境的破坏。

（五）当代人造资源的可创新性

随着人们的兴趣、需要及社会时尚潮流的变化，旅游者对旅游资源种类的需求也会有所不同。尤其是对传统旅游资源匮乏的国家或地区来说，为发展旅游业，开发旅游市场，人们可凭借经济和技术能力去创建一些旅游吸引物，以满足各类旅游者的需求。针对自然旅游资源匮乏的地区，当地政府或旅游经营管理部门可开发、建造出人造的旅游景观，如深圳的世界之窗、黑龙江的冰雪节，以及风靡全球的迪士尼主题公园等。

四、旅游资源的开发

（一）旅游资源开发的含义

任何资源都必须经过开发才能发挥效益，为人类所利用，旅游资源也不例外。对于一个旅游目的地来说，开发旅游资源就是通过适当的方式，围绕有关的旅游资源，将其所在地改造成一个具有吸引力的旅游环境，从而使旅游资源的吸引力得以发挥、改善或提高。

（二）旅游资源开发的原则

1. 独特性原则

个性化是旅游资源开发的主要特点，是吸引旅游者来访的最重要的条件。在旅游资源开发的独特性原则中，要求在开发的过程中不仅要保护好旅游资源自身原有的特色，而且还应该最大可能地突出其特点。

2. 经济性原则

旅游资源开发的最终目的是通过发展旅游业实现创收或增收，促进当地经济的发展。因此，旅游资源的开发过程中必须注意两点：一是必须服从当地经济发展的总体规划;二是尽可能地使用当地的人力、物力和技术,以减少不必要的经济漏损,最大限度地起到促进当地经济发展的作用。

3.保护性原则

开发过程中旅游资源一旦遭受破坏,一部分可以恢复,但需很大的人力、物力及较长时间;而另一部分则不可恢复。因此,处理好开发和保护的关系十分重要。

五、旅游资源的保护

(一)旅游资源遭破坏的原因

1.自然因素

这类因素不仅包括地震、洪水、飓风、泥石流等突发性的自然灾害,也包括日久天长的自然风化作用,还包括一些动物导致的破坏性影响。

2.人为因素

旅游资源的人为破坏是多方面的、严重的,大多超过了自然因素的破坏,有的破坏甚至是毁灭性的。具体表现如下:

(1)战争的破坏:战争是人类摧毁旅游资源最具有毁灭性的一种行为。如圆明园在1860年被英法等为首的八国联军放火烧毁,园中的珍宝被洗劫一空,至今仍有大量的文物流失海外。

(2)人类不合理的生产活动:如济南泉水、河北邢台的白泉等地,由于人们过量开采地下水,许多泉眼停喷。

(3)"三废"污染造成环境恶化:如工业废气污染产生的酸雨使大片森林枯死。在美国,酸雨形成酸雾,使华盛顿林肯纪念堂的混泥土墙长出了长长的钟乳石柱和石笋,混泥土层剥落,建筑物严重被腐蚀。

(4)旅游资源管理部门管理不善或不严,缺乏必要的维护措施,具体表现如下:

①旅游活动加速石刻、雕塑、壁画古迹的破坏:随着旅游活动的开展,大量游客的涌入,加速了自然风化的速度,导致古迹的损坏。

②游客踩踏带来的破坏:如故宫许多大殿前和内部的路面、地面,因游客密度较大而严重磨损;颐和园蜿蜒700多米的长廊路面的砖,因踩踏每隔几年就要更换一次。

③游客素质低,直接破坏旅游资源:如部分游客对景物的乱刻乱画、涂抹、乱丢果皮纸屑等行为都可对景区环境造成破坏和污染。

(二)针对旅游资源的保护措施

1.法制化对策

不少旅游资源被破坏主要是因为法制不健全,是人为原因所造成的。为了能有效地保护旅游资源,世界各地均运用立法和立公约的法律手段来加强其保护的法制化措施。如联合国教科文组织于1972年在巴黎公布了《关于保护世界文化与自然遗产公约》;我国自新中国成立以来,先后颁布了《文物保护法》《环境保护法》《森林法》《风景名胜区暂行管理条例》等法律、条例。

2. 宣传对策

旅游资源保护相关条例的颁布,对旅游资源的保护起到了重要的作用。但在很多旅游区,旅游资源仍在受到人为的破坏。究其原因,无外乎两点:一是对旅游业发展给旅游资源和环境带来的副作用认识不足;二是对旅游资源和环境的保护宣传不够深入和广泛。

3. 管理对策

旅游资源遭破坏大多是由于管理不当所造成的。对潜在的旅游资源、开发中的旅游资源和使用中的旅游资源需要采取不同的管理对策,坚决避免重走"先污染后治理"的老路。

案例分析

九寨沟发展旅游业后,旅游者蜂拥而至,九寨沟内人们忙着修葺旧屋,平地起新楼,几百户人家都成了客栈,有的还建起了带"星"的宾馆,整个沟里竟然有5000多张旅客床位。水泥、石灰、瓷砖、马赛克、卫星接收器等城市化的设施遍布九寨沟。虽然有关部门早就要求九寨沟要"沟内游,沟外住",但是很长时间九寨沟都处于"屋满为患"的状态。

游客对于九寨沟的破坏主要来自三个方面:游客进入森林后,对林区土地的踩踏,对树木的触摸等,这些是对景区生态环境最直接的破坏影响;其次,大量的游客到达九寨沟后,食、住、行所产生的废水、废气和生活垃圾,当地居民为了接待游客而过度消耗当地自然资源,这些是间接的破坏影响;除此以外还有噪声等其他因素,也会对九寨沟的动植物正常生长有所影响。

请思考:旅游和环境如何和谐共处?

分析

一、加强生态环境教育,帮助大众正确认识生态旅游

目前社会公众无论是旅游经营者还是普通旅游者均缺乏真正的生态旅游意识。因此,加强生态环境教育非常重要,要扩大生态环境教育面,对在校学生要开设相关课程,灌输可持续发展思想和意识。1. 对景区内各旅游经营者进行

宣传教育,让他们认识到生态环境对旅游经营的重要性,树立保护环境的责任感,在景区尽量采用节约型、环保型的新技术,同时对破坏环境的行为要依法进行严肃处理。2.加强对游客进行生态学、环保知识的宣传与教育。如增加资料图片、设立标语或广告牌引导游客,在景区景点建立生态景观的科学解说系统,标明规范的行走路线等;同时,还要提高游人的生态环境意识和保护意识,从而减轻旅游开发给保护区环境带来的负面影响。3.多向当地群众宣传环保知识,帮助他们树立环境保护的法制观念,改变不良习惯,并自觉地成为保护当地生态环境的卫士,促使生态旅游的可持续发展。旅游目的地环境的保护更多需要的是当地群众的大力支持和维护,由于长期在生态旅游区生活,他们的日常行为习惯必然直接影响着生态环境,而且当地群众良好的生活习惯和文化也会影响游客的行为。

二、加强对生态旅游资源的统一规划,有序、有效、合理地开发与利用

各级政府、旅游行政管理部门在编制旅游区总体规划时,必须对旅游区的地质资源、生物资源和涉及环境质量的各类资源进行认真的调查与评估,以便针对开展旅游活动所可能带来的环境损害做好足够的准备,并采取积极措施消除或减少污染源,加强对环境质量的监测。

三、旅游行政管理部门应强化法制观念,加大执法力度

鉴于旅游作为一种产业对环境的特殊影响和累计性的破坏,生态旅游一定要加强环境立法和管理,制定和完善旅游资源开发与利用的政策和法规。严格遵守我国《环境保护法》《森林法》《文物保护法》《野生动植物保护法》等与旅游密切相关的环境保护法律和法规的规定,并针对旅游业对环境影响具有潜在性、持续性和累计性的特点,增加补充规定。

四、利用新兴科技手段,建立维持相对稳定的生态系统的旅游经营管理模式,以推动旅游业的可持续发展

第一,构建完善的生物调节体系。如在旅游者较多的控制区域,通过设置芦苇、水浮莲等生物屏障,有效同化与消除水体中的有害物质。

第二,通过非生物因素的研究,探讨影响生态系统稳定发展的原因,制定出防止生态灾害(如滑坡、泥石流、森林火灾等)发生的应急预案。

第三,充分利用新技术、新材料,尽量减少游客及旅游经营者对生态环境的不利影响。如推广使用双降解材料餐具来防止白色污染;利用地热、沼气、阳光能、风力发电等技术来促进清洁能源的使用。

视野拓展

中国48处世界遗产

中国作为著名的文明古国，自1985年加入世界遗产公约，至2015年7月，共有48个项目被联合国教科文组织列入《世界遗产名录》，其中世界文化遗产30处，世界文化景观遗产4处，世界自然遗产10处，世界文化和自然双重遗产4处。源远流长的历史使中国继承了一份十分宝贵的世界文化和自然遗产，它们是人类的共同瑰宝。

地域名称	批准时间	遗产种类
长城	1987.12	文化遗产
明清皇宫（北京故宫、沈阳故宫）	1987.12	文化遗产
陕西秦始皇陵及兵马俑坑	1987.12	文化遗产
甘肃敦煌莫高窟	1987.12	文化遗产
北京周口店北京猿人遗址	1987.12	文化遗产
山东泰山	1987.12	文化与自然双重遗产
安徽黄山	1990.12	文化与自然双重遗产
湖南武陵源国家级名胜区	1992.12	自然遗产
四川九寨沟国家级名胜区	1992.12	自然遗产
四川黄龙国家级名胜区	1992.12	自然遗产
西藏布达拉宫	1994.12	文化遗产
河北承德避暑山庄及周围寺庙	1994.12	文化遗产
山东曲阜的孔庙、孔府及孔林	1994.12	文化遗产
湖北武当山古建筑群	1994.12	文化遗产
江西庐山风景名胜区	1996.12	文化景观遗产
四川峨眉山—乐山大佛	1996.12	文化与自然双重遗产
云南丽江古城	1997.12	文化遗产
山西平遥古城	1997.12	文化遗产
江苏苏州古典园林	1997.12	文化遗产

续表

地域名称	批准时间	遗产种类
北京颐和园	1998.11	文化遗产
北京天坛	1998.11	文化遗产
重庆大足石刻	1999.12	文化遗产
福建武夷山	1999.12	文化与自然双重遗产
四川青城山和都江堰	2000.11	文化遗产
河南洛阳龙门石窟	2000.11	文化遗产
明清皇家陵寝：明显陵、明孝陵、明十三陵、清东陵、清西陵、盛京三陵	2000.11	文化遗产
安徽古村落：西递、宏村	2000.11	文化遗产
山西大同云冈石窟	2001.12	文化遗产
云南三江并流	2003.7	自然遗产
高句丽王城、王陵及贵族墓葬	2004.7	文化遗产
澳门历史城区	2005.7	文化遗产
四川大熊猫栖息地	2006.7	自然遗产
安阳殷墟	2006.7	文化遗产
中国南方喀斯特 中国南方喀斯特二期	2007.6 2014.6	自然遗产
开平碉楼与村落	2007.6	文化遗产
福建土楼	2008.7	文化遗产
江西三清山	2008.7	自然遗产
山西五台山	2009.6	文化景观遗产
登封"天地之中"历史建筑群	2010.7	文化遗产
中国丹霞	2010.8	自然遗产
杭州西湖	2011.6	文化景观遗产

续表

地域名称	批准时间	遗产种类
元上都遗址	2012.6	文化遗产
中国澄江化石地	2012.7	自然遗产
新疆天山	2013.6	自然遗产
红河哈尼梯田文化景观	2013.6	文化景观遗产
中国"大运河"	2014.6	文化遗产
丝绸之路(中国等三国)	2014.6	文化遗产
土司遗址	2015.7	文化遗产

(资料来源:新华网)

 特别提示

旅游资源的开发和保护是可持续发展在旅游业中的集中表现,也是旅游与环境关系的必要前提。旅游资源的开发和保护既相互联系又相互矛盾,两者是辩证的统一体,并在辩证联系中共同改善旅游资源与环境的关系,推动着旅游业的可持续发展。两者相辅相成,并非矛盾,更非对立。开发和保护的关系贯穿在旅游业的整个发展过程中,并随着旅游业的蓬勃发展而日益彰显出其重要性。

一、相互联系、相互依存

1. 保护是开发的前提,保护是为了更好地开发;
2. 开发是保护的表现形式,开发也是为了更好地保护;
3. 开发本身就意味着保护。

二、相互矛盾

1. 开发本身就是一种破坏;
2. 过量的保护,必然妨碍资源的开发。

任务评价

任务评价表

序号	任务内容	任务要求	自我评价	待改进方向	备注
1	旅游资源的定义	理解定义			
2	旅游资源的类型划分	了解、区分不同类型旅游资源			
3	旅游资源的特点	掌握各特点对旅游经营和管理的意义			
4	旅游资源的开发	了解开发原则			
5	旅游资源的保护	掌握破坏因素，做好保护措施			

任务五　熟知旅游活动的中介体——旅游业

任务描述

本任务要求学生熟悉掌握旅游业及其构成要素各自的定义和特点。学生通过案例分析及个人旅游经历总结出旅游业的构成，以课堂阅读理解、讨论分析、案例解读等形式理解、掌握旅游业的特点，并从中培养爱岗敬业意识，夯实、提升个人专业技能、服务水平。

情境导入

2014年7月2日国务院总理李克强主持召开国务院常务会议，会议上确定了促进旅游业改革发展的政策措施。

会议认为，旅游业是现代服务业的重要组成部分，带动作用大。加快旅游业改革发展，对于扩就业、增收入，推动中西部和贫困地区脱贫致富，促进经济平稳增长和生态环境改善，意义重大。

北京大学旅游研究与规划中心主任吴必虎指出,随着工业自动化水平的提升,其对就业的拉动效果越来越不如以往,"今后中国经济发展将更多地依靠包括旅游业在内的服务业去推动"。而在整个服务业当中,相比金融、文化等产业,旅游业带动就业的效果尤为显著。"在旅游业,一个直接就业机会可以间接带动五个就业机会。"吴必虎指出,旅游业更大的优势在于以环境友好的方式拉动经济增长,"能很好地避免工业对环境造成的污染,减少对资源、能源的巨大消耗。"

(资料来源:彭大伟.中国强调旅游业带动作用 打造旅游业"升级版"[EB/OL].[2014-07-02].http://www.chinanews.com/cj/2014/07-02/6344509.shtml.)

你眼中的旅游业是怎样的呢?

相关知识

随着社会的不断发展,为满足人们日益增长的物质和文化的需要,旅游业在国民经济中显示了重要的地位,成为了第三产业的重要组成部分,直接或间接地促进国民经济有关部门的发展。

一、旅游业

(一)旅游业的概念

旅游业作为旅游活动的供给方,对旅游活动的发展起着重要的支持和促进作用,它在旅游者与旅游资源之间架起了联系的桥梁,成为了旅游活动的中介和纽带,所以被称为旅游活动的中介体。

自20世纪50年代以来,旅游业在世界各国得到了巨大的发展,直到今天,旅游业已经发展成为世界第一大产业,并因其强大的发展势头而被称为朝阳产业。旅游业属于第三产业,即服务性事业的一种,与其他产业相比,其产品涉及面广,包含了餐饮业、交通运输业、住宿业、商业、娱乐业等多项行业,为旅游者的旅游活动的开展提供各式各样的服务。综上所述,旅游业的概念可归纳为:以旅游消费者为服务对象,为其旅游活动的开展创造便利条件,并提供其所需产品和服务的综合性经济产业。

(二)旅游业的构成

1."三大支柱"之说

旅游业主要由旅馆业、交通运输业和旅行社业三大行业共同组成。这三个行业之所以被人们称为构成旅游业的"三大支柱",主要是基于旅游业的总收入绝大部分都来自于这三个行业。

2."五大部门"之说

即旅游业由住宿供应部门、游览场所经营部门、交通客运部门、旅行社部门和目的地旅游组织部门所构成。

3."六要素"之说

从旅游者开展旅游活动的需要来看,旅游业由行、游、住、食、购、娱6个方面的服务供应者所构成。

(三)旅游业的特点

1. 综合性产业

旅游业是一个融行、游、住、食、购、娱等为一体的综合性行业。为了满足旅游者在旅游活动过程中的各种需要,就要由若干相互独立的企业来为旅游者提供产品和服务。整个过程中旅游业把这些企业联系到一起,起到相互依存、互为补充的作用,保证了旅游活动的顺利开展。

2. 劳动密集型的服务性产业

旅游业属第三产业即服务业,这是因为旅游业的产品主要是为旅游者提供的满足其需要的服务。马克思曾指出:"任何时候,在消费品中,除了以商品形式存在的消费品外,还包括一定量的以服务形式存在的消费品。"这里需要强调两点:

第一,"服务"是一种使用价值,而且是一种特殊的使用价值;

第二,"服务"这种使用价值的特点不是表现为物,而是表现为"活劳动"。从旅游服务所生产的消费品来看,其生产服务产品的过程也就是提供服务的过程。尽管某些产品如食品饮料,表面上为有形产品,但是在为旅游者提供餐饮服务过程中,这些食品饮料同服务行为是不能割裂开来的。

按照国际学术界的共识性观点,判定一个企业或行业是否属于劳动密集型的标准并非是其表面上雇用职工人数的多寡,也不是其投资数额与职工人数的比例大小,而是其工资成本在其全部营业成本和费用中所占比例的高低。由于旅游业的产品是以提供劳务为主的旅游服务,其产品的提供过程中不存在大量的消耗性原材料成本或者消耗性原材料成本较少,从而使工资成本在全部营业成本和费用中占了较大的比重。正是由于这一点,才决定了旅游业的劳动密集性。

3. 涉外政策性强的产业

现代旅游活动是一种跨地区、跨国界的人际交往活动,不仅有接待外国旅游者的任务,也需要组织国内居民出国旅游。由于不同国家或地区有着不同的社会制度、文化、风俗、饮食习惯、生活方式等,因此,发展国际旅游具有很强的政策性,这就决定了旅游业的发展必然要实行对外开放的政策。

4. 脆弱的产业

旅游业的脆弱性指的是旅游业的发展受到自然、政治、经济、社会以及旅游业内部各种因素的影响。这种脆弱性主要表现在两个方面:一方面是从旅游业的内部环节看,旅游者旅游活动的顺利进行需要行、游、住、食、购、娱各个环节之间的紧密配合,一旦其中某个环节出现问题,整个旅游过程就会受到影响,从而导致旅游者的不满,最后必将影响到旅游业的经济效益。另一方面是从旅游业的外部环境来看,各种因素的变化都会引起旅游业的波动,如国际关系的变化,政治运动,地震、洪水等自然灾害,疾病的流行等。

二、旅行社

(一)旅行社的定义和作用

旅行社起源于19世纪40年代的英国,是随着人类旅游活动的发展而产生的。由于世界各国社会经济和旅游发展的状况不同,人们对旅行社的解释和规定也不尽相同。根据我国国务院2009年颁布的《旅行社条例》,旅行社是指从事招徕、组织、接待旅游者等活动,为旅游者提供相关旅游服务,开展国内旅游业务、入境旅游业务或者出境旅游业务的企业法人。

旅行社将旅游者和其他旅游企业联系起来,是旅游业产生和发展的标志,在旅游业中起着重大的作用,主要表现在:

1. 纽带作用

旅行社在旅游活动中,将旅游产品的消费者和生产者联系起来,成为旅游者和旅游产品的桥梁。

2. 促进了旅游业的发展

旅行社既处于旅游产品生产线的源头,又贯穿于旅游活动的始终。正是旅行社出色地充当了旅游需求和旅游供给的中介,从而促使了旅游需求和旅游供给的发展。

3. 是旅游业的支柱产业

(1)旅行社是旅游业各项产品的组织销售者。

(2)旅行社是旅游者和旅游企业之间的媒介和协调者。

(3)旅行社是旅游者顺利完成旅游计划的协助执行者。

(二)旅行社的分类

由于世界各国的国情不同,对旅行社的管理体制也不一样,所以,对旅行社的分类也有所不同。

1. 外国对旅行社的分类

(1)旅游批发经营商

旅游批发经营商是指以组织和批发包价旅游产品为主要经营业务的旅行社。它们根据自己对客源市场的了解,通过大批量购买各类旅游要素设计组合成不同的包价旅游产品,并通过一定的渠道销售给旅游者。

旅游批发经营商又可分为旅游批发商和旅游经营商两类,两者的主要区别体现在销售渠道上。旅游批发商一般没有自己的零售网络,其开发组合的包价旅游产品通过独立的零售商销售给旅游者;而旅游经营商不仅通过独立的零售机构销售产品,还通过自己设立的零售网络来销售自己的产品。

(2)旅游零售商

旅游零售商即主营零售业务的旅行社,它直接向旅游者推销旅游产品或为其购买旅游产品提供便利。旅游零售商的典型代表是旅游代理商,旅游代理商直接向旅游者销售其代理的各旅游企业的产品,经营收入主要来自被代理企业的佣金。其规模一般较小,但数量多、分布广。

2. 我国对旅行社的分类

1996年前,我国将旅行社分为3类,即一类旅行社、二类旅行社、三类旅行社。1996年的《旅行社管理条例》中,将旅行社分为国际旅行社和国内旅行社。

(1)国际旅行社

国际旅行社的经营范围包括入境旅游业务、出境旅游业务和国内旅游业务。具体业务内容包括以下几个方面。

①招徕外国旅游者、海外华侨和我国港澳台同胞来中国内地旅游,为其安排交通、游览、住宿、饮食、购物、娱乐及提供导游等相关服务。

②招徕我国旅游者在国内旅游,为其安排行、游、住、食、购、娱及提供导游等相关服务。

③经国家旅游局批准,招徕、组织我国境内居民到外国和我国港澳台地区旅游,为其安排领队及委托接待服务。

④经国家旅游局批准,招徕、组织我国境内居民到规定的与我国接壤国家的边境地区旅游,为其安排领队及委托接待服务。

⑤经批准,接受旅游者委托,为旅游者代办入境、出境及签证手续。

⑥为旅游者代购、代订国内外交通客票以及提供行李服务。

⑦其他经国家旅游局规定的旅游业务。

(2)国内旅行社

国内旅行社的经营范围仅限于国内旅游业务。具体业务内容包括以下几个方面。

①招徕我国旅游者在国内旅游,为其安排行、住、食、购、娱及提供导游等相关服务。

②为我国旅游者代购、代订国内交通客票以及提供行李服务。

③其他经国家旅游局规定的与国内旅游有关的业务。

按照经营业务的范围将旅行社分为国内与入境旅行社、出境旅行社两类。国内与入境旅行社的经营范围包括国内旅游业务和入境旅游业务;出境旅行社的经营范围则包括国内旅游业务、入境旅游业务与出境旅游业务。

三、旅游交通

旅游交通的发展是随着人类社会经济、文化的发展,以及人们对旅游需求的日益增长而不断发展完善的。旅游交通的发展状况是一个国家或地区旅游业发展的重要指标,它与旅行社、旅游饭店共同构成旅游业的三大支柱,在旅游业中具有重要的作用。

(一)旅游交通的概念

旅游交通是指旅游者利用某种交通工具,实现从一个地点到另一个地点的空间转移过程。它既包括旅游者从居住地抵达旅游目的地以及结束全程旅游活动后又返回居住地的空间转移过程,也包括旅游者在旅游目的地内部不同地点之间活动往来的空间转移过程。

(二)主要的旅游交通方式

目前,人们外出旅游的主要旅行方式是乘坐汽车、飞机、火车和轮船,这些旅行方式的相互配合和相互补充为旅游活动的开展提供了便利的条件。

1. 汽车

汽车作为交通运输工具的优点是:方便、快捷、灵活性强,可以随时随地停留和任意选择旅游地点,实现"门对门"的运送。其缺点是:运载量少,受气候、地形条件的限制,安全性较差,适合于短途旅游。

汽车旅游是世界旅游交通发展的大趋势之一。目前,在西方经济发达国家,由于高速公路网的建立和家庭轿车的普及,乘坐汽车外出旅游的人占据绝对优势。在我国,随着高速公路的修建和轿车越来越多地进入家庭,汽车旅游业表现出强劲的发展势头。

2. 飞机

飞机是世界上远程旅游中最主要的交通工具,它使旅游者的空间转移变得既快捷又方便。与其他旅行方式相比,飞机具有速度快、舒适、安全、省时等优点,但也存在费用高、噪声大、独立性差、受气候条件影响大等缺点。

3. 火车

1841年英国人托马斯·库克组织世界上第一次包租火车旅游之后,火车就开始成为旅游活动中最重要的运输方式之一。

火车具有载客量大、成本低、受季节和气候的影响小、环境污染小、费用低、舒适性强等优点。缺点在于速度不如飞机快,灵活性不如汽车,加之航空公司和汽车运输公司的竞争,近半个世纪以来火车在旅游交通中的地位有下降趋势。为了扭转这种不利局面,许多国家都在进行改革,如开辟新干线、增加直达快车、使用磁悬浮列车等方式以招徕更多的旅游者。

4. 轮船

轮船是一种最古老的交通工具,距今已有 200 多年的历史。1807 年美国人富尔顿制造的世界上第一艘蒸汽驱动轮船"克莱蒙特"号在哈德逊河运行成功。轮船的出现大大推动了水上运输的发展,开辟了大众到海外旅行的新时期。与其他旅游交通方式相比,轮船有以下特点:承载量大,载客能力强;航道建设和运输成本较低;乘坐平稳、舒适、安全和运价较低。

四、旅游饭店

(一)旅游饭店的概念

饭店一词源自法语,原指接待宾客的乡间别墅,后来被欧美国家沿用,表示提供食宿的商业性设施。在中文中饭店一词可用旅馆、宾馆、酒店等名词代替。

旅游饭店是依托服务设施向旅游者提供住宿、餐饮、购物、娱乐等项服务的企业,其提供服务的过程也是其旅游产品生产和销售的过程。它同旅行社、旅游交通共同构成旅游业的三大支柱。

(二)饭店的发展历史

1. 古代客栈时期(19 世纪中叶前)

客栈是随着商品生产和商品交换的发展而逐步发展起来的。最早期的客栈,可以追溯到人类原始社会末期和奴隶社会初期,是为适应古代国家的外交交往、宗教和商业旅行、帝王和贵族巡游等活动的要求而产生的饭店。

特点:一般规模都很小,建筑简单,设备简易,价格低廉,仅提供简单食宿、休息场所或车马等交通工具。后来,随着社会的发展、旅游活动种类的增加,客栈的规模也日益扩大,种类不断增多。

可以说这些简单的住宿设施不是完整意义上的饭店,只能说是饭店的雏形。

2. 大饭店时期(19 世纪中叶至 19 世纪末)

该时期又被称为豪华饭店时期。这一时期,在许多欧美大城市里,人们开始兴建专为王公贵族、上层阶级、公务旅行者提供服务的豪华饭店。这些饭店的特点是:规模大、设施豪华、服务正规且项目多、具有一定的接待礼仪。

3. 商业饭店时期(20 世纪初至 20 世纪 50 年代)

当时的饭店服务对象开始向平民百姓转变,以为日益增多的商务旅游者提供完善的设备和优质的服务,服务虽简单但已日渐健全。这时期诞生的斯塔特勒饭店的标准化管理模式成为现代新型饭店管理的雏形。

4. 现代新型饭店时期(20 世纪 50 年代至今)

现代新型饭店是伴随着世界经济的高速发展与人民收入的逐渐增加而出现的。这个时期的饭店规模不断扩大,类型也日趋多样化。为了迎合大众旅游市场的需要，饭店的服务向综合性方向发展，不但提供食、住，而且提供旅游、商务、康乐、购物等多种服务。

(三) 饭店的类型

饭店的种类很多，但目前对饭店的类型并无统一的划分标准。综合人们对饭店类型的称谓，现列举常见的划分标准：

1. 根据坐落地点分为：城市饭店、度假饭店、海滨饭店等；
2. 根据与有关运输工具或交通设施的联系分为：汽车旅馆、铁路饭店、机场饭店等；
3. 根据顾客来此的访问目的或根据该饭店的主要目标市场分为：商务饭店、度假饭店、会议饭店等；
4. 根据设施规模分为：大型饭店、中型饭店、小型饭店；
5. 根据设施等级分为：豪华饭店、经济型饭店、星级饭店等；
6. 根据经济类型分为：国有饭店、外资饭店、合资饭店等。

(四) 饭店的等级

为了促进旅游业的发展，维护旅游目的地的对外形象和旅游者的利益，便于旅游者区分饭店产品和服务质量水平，世界各国先后推行了饭店等级评定的工作。从20世纪五六十年代开始，各国根据饭店的建筑、装饰、设施设备及管理、服务水平等标准来划分旅游饭店的等级。

目前，国际上通行的方法是采用星级制来为旅游饭店划分等级，一般划分为五级，即一星级、二星级、三星级、四星级和五星级。星级越高，等级越高，其豪华程度、设备水平、服务质量便越高。

我国国家旅游局于1988年制定了《中华人民共和国旅游涉外饭店星级标准》，1993年发布国家标准《旅游涉外饭店星级的划分与评定》，1997年和2003年进行过修订。2004年7月1日开始，标准五星级就已不再是中国酒店的最高星级标准。新版《旅游饭店星级划分与评定》将饭店分为六个级别，即一星级、二星级、三星级、四星级、五星级、白金五星级。国家旅游局2007年12月启动了星标第四次修订工作。经过两年多深入细致的调查研究，广泛征求了31个省区市旅游部门、国家级星评员和各地区饭店企业的意见，并选取不同地区和类型的星级饭店进行了测试，对《标准》征求意见稿反复修改完善，新版《旅游饭店星级的划分与评定》(GB/T 14308-2010)国家标准，于2010年10月18日经国家质量监督检验检疫总局、国家标准化管理委员会批准发布，并从2011年1月1日起正式实施。旅游饭店划分为五个等级，及一星级、二星级、三星级、四星级、五星级（含白金五星）。星级标志由长城和五角星图案构成，用一颗星表示一星级，以此类推，五颗白金五角星表示白金五星级。

考核一个饭店的等级时，主要从"硬件"（设施、设备）和"软件"（服务和管理）

方面考虑,具体内容如下:

1. 设施、设备的技术品质和健全程度;
2. 服务项目设置的完善程度和提供服务的水平和质量;
3. 餐饮产品的质量;
4 客人的满意程度;
5. 社会印象。

案例分析

高铁为贵州带来旅游红利

根据贵州省旅游局提供的数据显示,2015年贵广高铁开通后的首个春节黄金周,贵州各旅行社接待游客数同比增长达到10倍左右。贵广高铁的开通,为"多彩"贵州带来旅游红利。

据统计,春节期间乘高铁入黔的游客超过7600人,占旅行社接待总人数的近七成。黄果树瀑布、西江千户苗寨、荔波大小七孔、梵净山等10个知名景区,春节期间接待游客113万人次,同比增长39%。肇兴侗寨、织金洞等景区接待人数超过150%。

贵州中国青年旅行社春节期间接待游客3000多人,同比增长10倍。旅行社副总经理刘黔表示,每年12月到次年2月一般都是旅游淡季,不少旅行社基本上处于"半休息"状态,但今年比往常忙碌得多。

(资料来源:新华网)

想一想:

1. 高铁对贵州旅游的发展有何会产生这样的影响?
2. 旅游交通在旅游业中起到什么作用?

分析

1. 首先,交通是旅游的命脉,随着立体化、全域化交通体系形成,尤其是贵广高铁建成通车,贵州旅游业转型升级、跨越发展将进入快车道。其次,贵广高铁带来游客量的同时,必将推动贵州省客源结构和消费模式转变,散客化、同城化、区域化趋势更加突出。最后,快捷交通有利于贵州省旅游承接沿海资本转移,加快知名品牌、旅游人才、管理和技术向贵州省流动。

2. 首先,从需求方面看,交通运输是旅游者完成旅游活动的先决技术条件;

其次,从供给方面看,交通运输是目的地旅游业的命脉;最后,交通运输作为旅游业的一个部门,本身也是旅游收入的重要来源。

视野拓展

近年来社会上出现了各种冠以"精品酒店""精品商务酒店""××主题文化酒店"的饭店,其中有不少饭店特色鲜明,深受宾客的喜爱,但由于配套设施不完善,按照过去的星级饭店评定标准来衡量,根本达不到要求。因此,在修订新标准的过程中,经过征求多方面业内人士和有关专家们的意见,在新标准中专门增加了对精品酒店评定的表述内容:"对以住宿为主营业务,建筑风格独特,拥有独特客户群体,管理和服务特色鲜明,且业内知名度较高的旅游饭店的星级评定,可参照五星级的要求。"但按照《旅游饭店星级的划分与评定释义》中的解释,精品饭店"指向的是可申报五星级的精品饭店"。其主要特点表现在以下几个方面:一是主题鲜明,具有独特的氛围和个性魅力;二是有着差异化的饭店环境,极具特色,其服务品质为社会广泛认可;三是有特殊的客户群体,平均房价连续两年居于省(自治区、直辖市)所在地饭店前列;四是服务个性化、定制化、精细化,能够给宾客留下深刻而美好的印象。凡具有以上四个特点的,在保证以住宿为主营服务业务的前提下,允许这样的饭店直接向全国旅游星级饭店评定委员会申报五星级,地方星评委没有评定和批准精品饭店的资格,也不允许评定相当于其他星级的精品饭店。

特别提示

随着旅游业的快速发展,旅游资源范围的不断扩大,旅游产业链条不断延长,旅游市场边界不断拓展,旅游业与其他相关产业和领域的融合不断深化,新的旅游产品、旅游业态不断涌现,旅游业在社会、经济、文化和对外交往中的地位和作用日显重要。同时,由于旅游产业规模的扩大,旅游业的综合性产业特征更加突显,综合带动作用更加突出。

旅游业将在以下九个方面凸显其功能作用:

(1)旅游业是资源消耗低、环境友好型、生态共享型的新增长点;

(2)旅游业是消费潜力大、消费层次多、持续能力强的新增长点;

(3)旅游业是兼具消费、投资、出口"三驾马车"功能的新增长点;

(4)旅游业是就业容量大、层次多样、类型丰富、方式灵活的新增长点；

(5)旅游业是带动开放、推进国际化发展的新增长点；

(6)旅游业是增强国民幸福感、提升健康水平、促进社会和谐的新增长点；

(7)旅游业是优化区域布局、统筹城乡发展、促进新型城镇化的新增长点；

(8)旅游业是促进脱贫致富、实现共同小康的新增长点；

(9)现代旅游业是新的经济社会组织方式，是提高全社会资源配置效率的新增长点。

这些功能作用的充分发挥必将对推动我国经济和社会的发展做出突出的贡献。

任务评价

任务评价表

序号	任务内容	任务要求	自我评价	待改进方向	备注
1	旅游业	掌握定义、分类及特点			
2	旅游交通	了解分类，掌握各种交通方式的定义及优缺点			
3	旅游饭店	了解旅游饭店的发展历史，掌握旅游饭店定义、分类、等级划分和评定标准			

项目关键词

旅游者　旅游资源　旅游业　可自由支配收入　闲暇时间　带薪假期　旅游动机

课后练习题

一、名词解释

1.可自由支配收入　2.闲暇时间　3.旅游动机　4.旅游资源　5.旅游业

6. 旅游交通　7. 旅游饭店

二、简答题

1. 构成旅游活动的基本要素是什么？
2. 旅游者的产生需要什么条件？
3. 简述马斯洛需要层次理论并用其解释旅游需要的产生。
4. 简述旅游资源的特点，并举例说明。
5. 对旅游资源造成破坏的因素有哪些？对我们有何启示？
6. 旅游业有哪些特点？如何理解这些特点？
7. 旅游交通有哪些主要的类型？它们各自都有什么优缺点？
8. 旅游交通在旅游业中的地位和作用是怎样的？

项目四　旅游产品与旅游市场

项目描述

通过学习，了解旅游产品的概念和特征，熟悉旅游产品的常见类型，明确旅游市场的概念和特征，熟悉旅游市场的划分。学生通过收集资料、阅读资料、案例分析、小组讨论等方式掌握知识，培养职业意识和专业能力。

学习目标

1. 了解旅游产品的概念和特征。
2. 熟悉旅游产品的种类。
3. 明确旅游市场的概念和特征。
4. 通过对旅游市场划分的掌握，为旅游产品的目标市场定位。

任务一　掌握旅游产品分类

任务描述

本任务要求学生掌握旅游产品的概念及其分类，思考生态旅游如何为旅游者、当地居地带来共赢，最终实现自然保护区在生态、经济等多方面的可持续发展。主要通过课前预习、课上学习、课后复习等方法掌握旅游产品的概念及分类。

情境导入

坐火车去旅游，车窗外一闪而过的景物，纷至眼前，山川大地由光秃秃的萧条变成土黄、变成嫩绿，转眼间，车窗外呈现出一大片金黄，明晃晃的，那是油菜花的黄,漫山遍野,没有边际似的,一丛丛、一簇簇、一片片,却错落有致,像明信片上的风景一样,只一个字:美!

感谢我们的生活中有汽车、火车、飞机等快捷的交通工具,让我们舒适地领略美不胜收的风景,感谢我们的生活中有宾馆、饭店,让我们流连忘返于山林间,远离世俗的烦忧。一路上我们可以沿途用镜头记录彼此的笑脸和属于我们的风景。

本任务中,我们将从旅游者旅游经历这一角度出发,逐步扩展到旅游产品的分类及选择。

相关知识

一、旅游产品的概念

旅游产品是旅游经营者通过开发、利用把旅游资源改造成为旅游吸引物,凭借着旅游吸引物、交通和旅游设施,向旅游者提供的用以满足其旅游活动需求的全部服务。从旅游者角度出发,旅游产品就是指旅客花费了一定的时间、费用和精力所换取的一次旅游经历。

二、旅游产品的特征

旅游产品属于服务性产品,有很多不同于实物产品的特征。

1. 非物质性

旅行社卖给旅游者的旅游产品不是看得见、摸得着的物质产品,而是一种非物质的东西,这种非物质东西的实质是一种"经历"或"体验"。例如,海南的天涯海角,旅游者只有亲自来到海南,才能享受到它带给自己的快乐。旅行社向旅游者推销海南环岛游旅游线路,与旅游者签订旅游合同,把食、住、行、游、购、娱等服务融为一体。也因为旅游产品的非物质性,对于旅游产品的开发者来说,要对旅游产品进行多角度的营销,让旅游者更多地了解旅游产品的信息,以达到双赢目的。

2. 综合服务性

旅游产品属于服务性产品,因为旅游者离家外出旅游,需要接受旅游经营者提供的吃、住、行等基本生活服务,才能实现旅游目标。所以旅游产品应该是一个能够提供多种服务的、组成成分复杂的完整的产品,任何一个组成成分的缺乏都有可能造成旅游产品无法生产和销售,因为它破坏了产品的综合性。就像一篇游记所写的,早上我们吃过了张大妈早早为我们准备的肥肠粉就走进成都宽窄巷子,可以街边一坐,要一杯蒙山黄芽,与旁边的老爷子摆摆龙门阵;也可以在小吃摊边,面对着琳琅满目的小吃。旅游产品的综合性要求在旅游产品的开发中,要全面规划统筹,注重旅游产品的完整性和结构的合理性,注重旅游资源开发和设施建设等硬件开发和从业人员素质提高、服务水平上升等软件建设,要使旅游资源开发与环境相协调,既要突出旅游资源的特色,又要集聚旅游资源的整体美,使旅游者在游览过程中感到舒适、愉悦。

3. 不可转移性

由于旅游资源和旅游设施的空间位置无法移动,而旅游服务又离不开这些凭借物,从而使整个产品无法移动。旅游产品的这个特征,决定移动的只是旅游者,这与可上门服务的保险、金融、修理等服务性行业不同。尽管有不少人造模拟景观仿建其他地方的旅游资源,但仍无法模仿资源的体量、资源存在的自然和社会环境,所以也就无法提供完全相同的旅游产品,即旅游产品的特色是难以转移的。例如,旅游者在旅游过程中一边欣赏深山老林的油绿苍翠,一边感受身边那流过的泉水淙淙作响,当旅游者到达了一个清澈见底的泉水边,还可以停下来,捧起一汪泉水,洗一洗脸和手,感觉舒服极了。旅游产品的不可转移性还表现在其所有权无法转移到旅游者手里,旅游者得到的仅是短暂的使用权。当一个旅游者付费之后,他仍无权带走、转让、转借、破坏旅游资源和旅游设施,否则就会受到赔偿等处罚。

4. 不可储存性

旅游产品是以服务为主的无形产品,决定了它不能贮存。今天生产出的旅游产品,不能贮存到明天去销售;也不能淡季生产,到旺季去销售;一个旅游者对旅游产品不满意,不可以退货,等等。因为服务难以物化,其价值缺乏载体,无法转移,只能一边生产,一边实现其价值。对于旅游设施来说,应该尽量提高它的使用率,才能更好地实现它的价值,使其产生更好的效益。例如,饭店的一间客房、飞机上的一个座位等在一个单位的使用时间内无人租用,那它在这一单位时间内的成本就无法实现,它不能加在以后卖出产品的价格上。因此,旅游产品销售得越多,分摊的成本就越少,实现的利润就越大。对旅游者来说,旅游就是一边走一边欣赏着美景,望着重重叠叠的高山,心情变得愉悦。

三、旅游产品的分类

旅游产品范围虽然广泛,包括食、住、行、游、购、娱几方面,但旅游产品的核心是旅游服务。旅游者购买的是整个旅游经历而不是一个特定的消费产品。旅游产品可以分为以下四种类型:

1. 观光旅游产品

观光旅游产品是指旅游者以观赏和游览自然风光、名胜古迹等为主要目的的旅游产品。观光旅游产品的类型一般可以分为山水风光、城市景观、名胜古迹、国家公园、主题公园及森林海洋等旅游产品。观光旅游产品是一种传统旅游产品,其构成了现代旅游产品的主体部分。1992年,中国主题旅游年确定为"中国友好观光年",主题口号为"游中国,交朋友"。随着现代旅游的发展,许多观光旅游产品已不仅仅是单纯的观光旅游,而是融入了更多的文化内涵和休闲度假内容,使观光旅游产品的内容更加丰富多彩和富有吸引力。例如旅游者去北京观光,推荐的旅游景点有:天安门、恭王府、什刹海、王府井、故宫、鸟巢、水立方、圆明园、颐和园、八达岭长城。

2. 度假旅游产品

度假旅游产品是指旅游者利用公休假期或奖励假期而进行休闲和消遣所购买的旅游产品。现代度假旅游产品一般有海滨旅游、乡村旅游、森林旅游、野营旅游等产品类型。度假旅游产品的特点是强调休闲和消遣,其要求自然景色优美、气候良好适宜、住宿设施令人满意,并且有较为完善的文体娱乐设施及便捷的交通和通信条件等。1996年,中国主题旅游年确定为"中国度假休闲游",主题口号为"96中国,崭新的度假天地"。随着现代社会经济的发展、公休假日的增加及奖励旅游的发展,度假旅游产品已成为国内外旅游者所喜爱的旅游产品,具有较好的发展态势和潜力。中国最美的十大海滨城市有:三亚、青岛、秦皇岛、珠海、日照、厦门、北海、大连、海口、宁波。

3. 专项旅游产品

专项旅游产品指旅游者参加的以文化、商务、体育健身、业务活动等为主题的主题性旅游产品。比如红色旅游,是指以中国共产党领导人民在革命和战争时期建树丰功伟绩过程中所形成的纪念地、标志物为载体,以其所承载的革命历史、革命事迹和革命精神为内涵,组织接待旅游者开展缅怀学习、参观游览的主题性旅游活动。

把体育和旅游结合在一起的体育旅游,以其独特的魅力逐渐成为人们生活的一个重要组成部分。2001年,中国主题旅游年确定为"中国体育健身游",主题口号为"体育健身游,新世纪的选择""游遍山川,强健体魄"等。例如,涉及体育健身专项旅游产品中较为成功的案例是广之旅国际旅行社股份有限公司自2013年首次推出的境外"广州球队助威团"主题观赛产品,目前此项旅游产品已成为最具吸引力和市场竞争力的主题旅游产品之一。

4. 生态旅游产品

生态旅游是指在保护当地自然、历史和文化资源,提高当地居民的收入水平和生活质量,带动当地经济发展的基础上,提供给旅游者高质量的旅游经历。森林旅游、农业旅游、乡村旅游、野营旅游、探险旅游、民俗旅游及环保科普旅游等都可以纳入生态旅游的范畴。2009年,中国主题旅游年确定为"中国生态旅游年",主题口号为"走进绿色旅游、感受生态文明"。生态旅游已经日益引起国家层面的关注,例如,西藏自治区旅游局创新发展乡村旅游产品,以拉萨雪顿节的升级和日喀则珠峰文化旅游节、山南雅砻文化节、林芝大峡谷旅游文化节、昌都康巴文化艺术节等节庆为龙头和基础,逐步开发具有高原特色的乡村旅游节活动产品;同时创新西藏乡村旅游经典产品,将茶马古道、唐蕃古道等建成中国最著名的自驾旅游线。

视野拓展

"走遍中国"——内蒙古旅游万里巡回展首站2015年11月9日在河北省石家庄市拉开帷幕。广阔的草原、金色的大漠等风景图片展示,富有民族特色的歌舞,让在场的人们领略了内蒙古风土人情的无限魅力。

据介绍,此次巡回展以"祖国正北方,亮丽内蒙古"为主题,40多天的时间里,将陆续走进石家庄、济南、南京、上海、福州、广州、长沙、武汉、郑州、太原十座城市。

"东部的森林、草原,西部的沙漠、湖泊,内蒙古地区的旅游资源十分丰富。"内蒙古自治区旅游局局长魏国楠说,内蒙古地区是个狭长区域,横跨29个经度,是中国跨经度最大的省级行政区,东西直线距离2400公里,从东部到西部人们能够体验不同的风光,这正是内蒙古旅游资源的核心竞争力。

"但内蒙古旅游的影响力不够,推广深度、广度和推广方式上都有待改善。"魏国楠说,他们希望通过此次万里巡回展活动,让各个城市的游客能够近距离体验到内蒙古风情,扩大内蒙古旅游的影响力。

……

据介绍,内蒙古每年有长达7个月的冰雪期,在漫天遍野的冰雪地上,生活着蒙古族、鄂温克族、鄂伦春族、俄罗斯族等少数民族,游客在体验温泉、滑雪等旅游项目的同时,还能感受到多彩的民族文化风情。

(资料来源:高红超,张玮.内蒙古旅游万里巡回展首站启动 展现多彩民族风情[EB/OL].中国新闻网.http://www.chinanews.com/df/2015/11-09/7614106.shtml.)

案例分析

首个航天科普馆——海南文昌航天科普馆2016年6月26日正式开馆,参观的游客在门口排起了长龙。据了解,这其中多数是前一日观看完火箭首飞后继续停留在文昌境内游玩的游客,"航天"元素燃旺了文昌旅游市场。

火箭首飞引爆文昌旅游

由于在"长征七号"首飞前,文昌旅游部门准备了多条航天特色游路线并进行了充分推广,很多游客在首飞过后并没有离开文昌,而是选择留下将文昌做为旅游目的地继续游玩。

"看完火箭首飞,肯定要再转转文昌几个出名的景点,好不容易来一趟,起码要对航天城文昌有个直观印象。"来自北京的许先生说,游览完航天城文昌以后,再准备顺道在海南游玩一圈。记者从文昌市旅文委获悉,火箭首飞让文昌近几天来的游客量"井喷式"增长。"初步估算目前的游客接待量已超过两万人次。"文昌市旅文委相关负责人告诉记者,自驾游、自由行成为旅游市场的主力军。

"长征七号文昌首飞,将对文昌乃至海南经济产生巨大推动作用,对旅游的发展推动作用无疑是最直接的,对海南旅游格局也将产生重大影响。"海南省旅游委主任孙颖认为,文昌火箭首飞后,文昌旅游在全省旅游格局中的地位大大提升。

(资料来源:许春媚,刘笑非.航天元素"火"了文昌旅游[N].海南日报,2016-06-26.)

思考:旅客花费了一定的时间、费用和精力换取了一次航天城的旅游经历,这种旅游产品为何不同于实物产品?它具有哪些特点?

分析

1. 非物质性,旅游的实质是一种"经历"或"体验"。
2. 服务性,旅游者在海南文昌航天城旅游,一路上需要接受旅游经营者提供的吃、住、行等基本生活服务,才能实现旅游目标。
3. 不可转移性,由于航天科普馆的空间位置无法移动,只能是旅游者边走边领略其魅力。
4. 不可储存性,旅游产品是以服务为主的无形产品,决定了它不能储存,只能回忆。

 特别提示

2013年2月2日,国务院办公厅颁布了《国民旅游休闲纲要(2013—2020年)》,提出了国民旅游休闲发展目标:到2020年,职工带薪休假制度基本得到落实,城乡居民旅游休闲消费水平大幅增长,国民休闲质量显著提高,与小康社会相适应的现代国民旅游休闲体系基本形成。国家发改委表示,纲要重点体现了提倡绿色旅游休闲理念、保障国民旅游休闲时间、鼓励国民旅游休闲消费、丰富国民旅游休闲产品、提升国民旅游休闲品质等五大亮点。

任务评价

任务评价表

序号	任务内容	任务要求	自我评价	待改进方向	备注
1	旅游产品的概念	掌握概念			
2	旅游产品的分类	掌握四大类别			
3	旅游产品的特征	掌握四大特征			

任务二　掌握旅游市场的划分

任务描述

本任务要求学生熟悉掌握旅游市场的概念及划分,主要通过课上阅读理解、课堂讨论分析、课后复习以及案例解读等方式达到掌握知识的目的。

情境导入

2015年春节黄金周,甘肃省各级旅游部门集中开展旅游安全、市场秩序检查整治和旅游服务质量提升工作,假日期间全省旅游市场主题活动丰富多彩,旅游氛围浓郁热烈,旅游市场文明有序,旅游产品供应充足,市场运行总体安全平稳。

旅游市场总体情况如下:

2015年春节黄金周期间,全省各地共接待游客524万人次,较上年同期增长23.2%;实现旅游收入32.66亿元,较上年同期增长24.3%。

春节期间,全省日均接待游客74.86万人次。过夜旅游者和一日游旅游者分别为210.4万人次和313.6万人次,分别占旅游接待人数的40.2%和59.8%。

春节期间,全省日均接待游客量峰值明显,2月18日、19日,游客量逐渐攀升;2月20日至22日(正月初二至初四)全省游客日接待量达到峰值,均突破80万人次,远高于上年同期;2月23日、24日,游客量逐渐回落。

旅游市场主要特点有:

一是春节民俗文化旅游活动丰富多彩;二是冬春旅游季活动持续升温;三是

城市周边游和短途游成为居民出游重要形式;四是全省假日旅游市场安全有序。假日期间,全省各地未发生大的旅游安全事故,未出现游客拥挤及大规模车辆堵塞情况。省假日旅游值班室收到2起旅游投诉,已及时转交当地旅游执法部门处理。

(资料来源:甘肃省旅游发展委员会官方网站)

在各地大力开发旅游市场之际,作为学习旅游专业的你,对旅游市场有什么样的了解呢?

相关知识

随着中国人民生活水平的提高和"黄金周""带薪假期"的实行,中国国内旅游迅猛增长,并发展成为全球规模最大的国内旅游市场。旅游有力地拉动了内需,促进了消费,带动了相关产业的发展。

一、旅游市场的概念

市场是指某一特定产品的经常和潜在购买者。市场是生产力发展到一定阶段的产物,随着商品经济的发展而发展。市场属商品经济的范畴,也可以说哪里有商品生产和商品交换,哪里就有市场。市场的形成必须具备的基本条件:一是存在可供交换的商品;二是存在着提供商品的卖方和具有购买欲望和购买能力的买方;三是具备买卖双方都能接受的交易价格、行为规范及其他条件。

旅游市场是市场的一个分支,是社会经济发展到一定程度,旅游活动商品化、社会化的产物。旅游市场也有广义和狭义之分。广义的旅游市场,是指在旅游产品交换过程中反映的各种经济行为和经济关系的总和,即在旅游产品交换过程中所产生的各种经济现象和经济联系。狭义的旅游市场通常是指旅游需求市场或旅游客源市场,即某一特定旅游产品的经常购买者和潜在购买者。旅游市场与一般商品市场的区别在于它所出售的不是具体的物质产品,而是以劳务为特征的包价路线。同时,旅游供给与消费过程同步进行,具有很强的季节性。旅游市场的形成有以下几个条件:一是存在具有购买意愿的人群,二是要有一定的购买力,三是要有购买的权利。

二、旅游市场的特点

旅游市场作为社会整体市场的一部分,必然具备一般市场的基本特征。除此之外,旅游市场是一种服务市场,有本身的特殊性,与其他行业比较,旅游市场具有以下共同特点。

(一)整体性

旅游市场的整体性指的是旅游市场上供求关系的整体性。从旅游消费者角度来看,这是由旅游活动的综合性来决定的,人们的旅游活动是融食、住、行、游、娱、购为一体的综合性活动。从旅游供给角度来看,旅游者的旅游需求是不同的旅游供给部门共同提供的,需要根据旅游者的需求将各种产品和服务组合起来,因而是一种整体性的供给。如果某一环节或细节出了问题就会影响整体形象。

(二)多样性

多样性首先表现为旅游产品的多样性,对于不同的国家、不同的自然风光和人文景观,旅游者可以从中得到各种不同的经验和感受。其次,表现为旅游者多种多样的偏好引起供给方面的多样性的变化,如专门针对老年人的"夕阳红旅行团",行程轻松,配有随行医生等。再次,表现为旅游产品购买形式和交换关系的多样性,即包价旅游、散客旅游、自由行等。旅游市场的多样性不仅反映了旅游市场发展变化的特点,而且在很大程度上决定着旅游经营的成败。

(三)季节性

旅游企业要吸引旅游者,必须依靠独具特色的旅游产品。但很大一部分依托于旅游资源的旅游产品是具有季节性变化的,如春节期间,游客南北大对调现象等;同时,受一定社会因素的影响(如教师、学生的假期,企业的营业周期等),人们的部分旅游需求集中出现在一定的时段上,这些因素导致旅游市场出现淡季和旺季。

(四)异地性

旅游的异地性意味着旅游者是离开常住居住地,发生了空间上的移动,旅游客源和旅游产品生产地在空间上是分离的,因此,旅游者的消费行为是异地发生的,国际旅游活动的发展更能体现这一特点。旅游市场的异地性的特点要求经营者在进行旅游宣传时,必须充分考虑游客与本地居民生活习惯、风土人情、文化家庭等各方面的差异,突出目的地特色,以吸引更多的旅游者。

三、旅游市场的划分

旅游市场分类,就是把整体旅游市场按照消费者的某种或某些特点划分为不同的消费者群体的过程,即根据国境、地理、消费、旅游目的、旅游组织形式等因素,划分为不同的旅游细分市场。任何一个旅游产品供应商,都不可能占据所有的市场,满足所有旅游者的需求,因此有必要选择一定的适合自身情况的市场去开展营销工作。但空间如何去选择,需要对旅游市场进行分类分析后,才能确定自己的目标市场,并针对目标市场采取合适的旅游市场营销策略。

(一) 按地域划分

世界旅游市场是一个整体概念,但由于资源禀赋、发展阶段等特征不同,区域内部发展不平衡。世界旅游组织根据各地区旅游发展状况、客源集中程度等因素,将世界旅游市场划分为六大区域性市场:非洲市场、美洲市场、东亚及太平洋地区市场、欧洲市场、中东市场、南亚市场。这是一种各国普遍采用的分类标准。世界旅游组织每年提供各区域市场的有关数据统计,有助于人们把握世界旅游发展格局及客源分布、客源流向等状况。欧洲、美洲两大市场在世界旅游市场中长期占据主导地位,旅游接待人数和旅游收入均居前列,但所占市场份额呈持续缩减趋势。新兴的东亚及太平洋地区一度是国际旅游增长最快的地区。非洲地区旅游接待总量和外汇收入虽然不大,但近几年来所占市场份额已有缓慢提升。从客源输出方面来看,欧洲、美洲和东亚及太平洋地区是世界上最主要的客源市场。倘若将区域旅游市场再加以细分,可按国别分为美国旅游市场、日本旅游市场、德国旅游市场等。据世界旅游组织(WTO)的预测,到2020年,德国将是世界最大的旅游客源国(1.635亿人次),其次是日本(1.415亿人次),美国位居第三(1.233亿人次),其他依次为中国(1亿人次),英国(96.1百万人次),法国(37.6百万人次),荷兰(35.4百万人次),加拿大(31.3百万人次),俄罗斯(30.5百万人次),意大利(29.7百万人次)。

此外,国际上还按不同客源旅游者流向某一旅游目的地国的人数占该旅游目的地国的总接待人数的比例将市场细分为:一级市场、二级市场、机会市场。一级市场是指在旅游目的地国家或地区的接待总人数中,旅游者人数所占比例最大的国家或地区所形成的旅游市场,一般包括2~3个国家或地区,也叫第一市场或主要市场。通常情况下,一级市场可占旅游目的地国家或地区接待总人数的40%~60%。二级市场是指在旅游目的地国家或地区的接待总人数中,旅游者人数占相当比例的国家或地区所形成的旅游市场,一般包括3~4个国家或地区,也叫第二市场。机会市场是指旅游目的地国家或地区计划新开拓的另一些国家或地区的旅游市场,也叫边缘市场,有待于进一步开发。机会市场通过旅游目的地国家或地区的有效经营,可能成为将来的二级市场或一级市场。

(二) 按国界划分

按国界的不同,旅游市场可分为国际旅游市场和国内旅游市场。这是以旅游者活动的范围是否超出本国国界为标准进行的市场划分。国际旅游市场指旅游者需跨越国境线发生的旅游活动,包括入境旅游和出境旅游市场。由于国际旅游对一国的外汇收支影响较大,各国政府在制订旅游规划时,往往很重视国际旅游市场的研究及开发工作。国内旅游市场指发生在国境线以内的旅游市场。国内旅游的发展刺激了国民经济各部门产值的增长,起到调节各地区财富再分配的作用,同时国内旅游市场的兴旺又可与出境旅游市场的发展形成良性互补。

(三) 按旅游活动的组织方式划分

根据旅游活动的组织方式,可将旅游市场划分为团体旅游市场和散客旅游市场。由于旅游爱好和习惯的不同,有些旅游者偏好结伴旅行,并按旅行社事先安排好的旅游日程和旅游项目活动;而有的旅游者则希望能自主安排旅程,按自己的爱好进行旅游。前者是以一次性预先付款的形式购买旅游产品,所以也叫团体旅游,而后者的购买方式相对自由,旅游者可以委托旅行社购买细分旅游项目,也可以在旅游地现场购买。大众化旅游兴起的一段时间内,团体旅游一直是占主导地位的旅游方式。随着旅游市场的日趋成熟,人们旅游经验增多,旅游随意性也相应增大,散客旅游市场所占的比重日趋上升。近年来海外旅游市场呈现的这种态势,使国内一些原先以接待团队客人为主的旅游饭店转向以接待散客为主。与团体旅游市场相比,散客旅游市场的动态较难准确地把握,这就对旅游部门、旅游企业提出了新的接待要求。

(四) 按旅游目的划分

旅游目的的不同往往会使旅游者产生对旅游产品的不同需求,在旅游过程中也会有不同的消费形式。目前主要的旅游专项市场有:观光游览、会议商务、休闲度假、探亲访友、医疗保健、宗教朝圣、修学、探险、体育、专业考察等。一般说来,会议商务旅游者对住宿、交通、通讯设备的要求比其他专项市场的旅游者高,而以探亲访友为目的的旅游者消费相对较低。针对不同的需求开发适销对路的旅游产品,是拓展专项旅游市场的主要途径。

(五) 根据旅游者的人口特征划分

旅游者的人口特征包括年龄、家庭年龄结构、生命周期、性别、种族、宗教、收入、国籍、社会阶层、受教育程度、文化与血缘关系等。以年龄及家庭年龄结构为例,可分为青年人旅游市场、中年人旅游市场及老年人旅游市场。不同的细分市场有不同的需求,青年人旅游市场青睐探险、滑雪、狩猎、骑马、武术、乡间生活、修学旅游、极限旅游等旅游活动;中年人旅游市场可能集中在度假旅游及商务旅游等旅游形式;而老年人旅游市场则倾向于休息、消遣、探亲、访友和参观历史古迹等旅游活动。若以人口性别特征为标准,又可分为男性旅游市场及女性旅游市场。旅游需求的性别差异较为明显。男性游客独立性强,倾向于知识性、运动性、刺激性强的旅游活动,公务、体育旅游者较多;女性游客更注意旅游目的的选择,喜好购物,对价格较为敏感。近年来,女性旅游市场有了较大发展,女性观光旅游,尤其是未婚女青年和独身女子的旅游呈上升趋势。另外,职业与收入也是划分市场的参考因素。商人、律师、医生、管理人员收入水平较高,出国旅行机会要大于从事体力劳动、制造业等收入低的人员。因此,在进行宣传促销时,要充分考虑这些因素,选取合适的媒介对目标市场加以影响。

（六）根据旅游者消费水平划分

根据旅游者的消费水平，可将旅游市场划分为豪华旅游市场、标准旅游市场与经济旅游市场。在现实经济中，由于人们的收入水平、年龄、职业以及社会地位、经济地位的不同，其旅游需求和消费水平也不同，因而对旅游产品的质量要求也不一样。通常，豪华旅游市场的主体是社会的上层阶层，他们一般对旅游价格不敏感，而是希望旅游活动能最大限度地满足他们的旅游需求。标准旅游市场的主体是大量的中产阶级，他们既注重旅游价格，又注重旅游活动的内容和质量。经济旅游市场的主体是那些收入水平较低或无固定收入者，他们更多的是注重旅游价格的高低。

视野拓展

3月和4月是日本传统的樱花赏花游旺季，美丽的樱花吸引了大量的各国游客。日本媒体报道，2015年大批中国游客涌入加剧了日本酒店住宿紧张状况，有的酒店房价甚至达到平时的3倍。2014年以来，向中国游客发放的签证数量出现了"史无前例的增加趋势"。2015年3月，日本政府向26.8万名中国游客发放了旅游签证，是去年同期的2.5倍。在1至3月里，持旅游签证入境日本的中国游客为大约69万人次，几乎达到2014年全年水平。东京上野公园平均每年接待赏樱游客超过200万人，2014年，外国游客占四成，2015年"中国和其他外国游客占到五成"，上野地区旅馆入住率普遍超过九成。

根据澳新银行最近的经济分析报告，中国现在是澳大利亚最主要的入境客源地，在国际游客消费总额中占比18%，比英国的12%和日本的5%占比总和还多。2015年春节期间，中国内地游客申请澳大利亚旅游签证的人数比2014年增加了23%，超过12万人。

中国内地游客逐渐从传统的旅游目的地，转向其他汇率下降的国家，包括日本、韩国、英国和欧元区国家，以及南半球的澳大利亚。根据澳大利亚旅游局分析预测，中国会在2016年取代新西兰，成为澳大利亚最大的入境游市场。

2014年中国出境游客人数突破1亿，中国游客将在未来的旅游市场中，占有越来越重要的地位。

案例分析

章丘百丈崖风景区是坐落在章丘市黄河河务局垛庄的一片水域,周围群山环绕,山水相依,风景迷人,是垂钓、休闲养生的最佳去处。

根据地理因素细分,百丈崖景区现有客源地域以济南、章丘为中心,其中游客70%左右是来自济南、章丘大学城的学生,20%左右是来自济南、章丘市的市民,10%左右的游客来自济南周边城市,但还是以学生为主。针对百丈崖的旅游市场现状,从旅游市场细分方面考虑,我们做什么才能使百丈崖旅游市场构成趋于完善呢?

分析

从地理因素细分壮大市场:今后可进一步向外延伸,主打交通较为便捷的济南地区,使之成为百丈崖旅游市场的新亮点。还可根据自身优势,将春夏营销重心放在大学生群体上,开展各种露营篝火活动,让百丈崖攀岩成为一个推向大学生市场的很好的产品。

从旅游动机细分拓展市场:开发垂钓和露营旅游市场,百丈崖每年都会举办垂钓比赛,还会有大学生班级露营活动。该市场的旅游者身份大多是学生,而且百丈崖旅游消费较低,但是受季节限制,出游高峰期大多在春夏、周末。

从年龄因素细分充实市场:青年旅游市场方面,依据百丈崖山水相依的条件,开展攀岩露营等项目。大力开发老年旅游市场,每年都会举办垂钓比赛,发展休闲旅游,使其成为中老年人休闲娱乐的好去处。

有了这些科学的市场细分再加上有效的营销手段及宣传手段,百丈崖就可以满足旅游者日益扩大的消费需求和瞬息万变的市场竞争。

 特别提示

各种类型的旅游市场并非孤立存在,它们互相交织,共同存在于世界大市场中。例如,日本旅游市场可以由下列几类按不同标准划分的市场共同组成,商务旅游市场、青年女性旅游市场、学生修学旅游市场、农产品旅游市场、20岁左右青年的旅游市场、60岁以上的老年旅游市场等。哪里有需求,哪里就有市场。对旅游市场的分类乃至更进一步的细分,主要是为了区分不同的旅游需求,有助于旅游供给者把握目标市场的特征及消费行为,正确地制订适应市场的营销计划。

任务评价

任务评价表

序号	任务内容	任务要求	自我评价	待改进方向	备注
1	旅游市场的概念	掌握概念			
2	旅游市场的划分	掌握分类依据及具体类型			

任务三　把握我国旅游市场的类别

任务描述

本任务要求学生了解我国主要旅游市场,区分出境旅游、入境旅游和国内旅游市场。主要通过课前资料收集、课后复习以及案例解读等方式实现掌握知识的目的。

情境导入

2014年旅游新业态、新产品受到市场热捧。在2013年年底海南省"边境旅游异地办证"政策落地的推动下,春节期间海航"海娜号"和丽星邮轮"双子星"号邮轮旅游一票难求。"海南度假+邮轮旅游""到外国去过大年"为中外游客带来了全新体验。数据显示,春节7天2艘邮轮共开航7个班次,9600多名游客参加了邮轮边境旅游。

春节前正式启动的三亚直升机观光游受到游客广泛关注,春节期间接待游客超过2000名。同时,游艇海钓、游艇观光、游艇婚纱摄影、运动帆船体验等活动也受到游客欢迎,免税购旅游持续升温,购物成为假日旅游消费的重要组成部分。

2014年春节"黄金周",看海不再是到海南的唯一理由。琼海的博鳌天堂小镇、潭门渔港小镇、中原南洋小镇等吸引游客驻足感受渔民文化、南洋文化、万泉河文化;澄迈的福山咖啡小镇每天接待大量"闻香"而来的游客;陵水新村疍家文化小镇等一批旅游风情小镇成为游客新选择。还有不少游客到海南乡间体味海岛悠闲生活,三亚槟榔河村、琼海的潭门新渔村和上坡村、临高县的溪尾村、文昌的八门湾和葫芦村等地方每天游客络绎不绝,春节"黄金周"期间全省乡村旅游共接待游客 61 万人次,乡村旅游收入 3.14 亿元,成为"黄金周"一大新亮点。

请根据上述材料分析海南 2014 年春节期间旅游市场的客源构成。

相关知识

随着全球旅游热的兴起,围绕旅游市场的竞争越来越激烈,旅游竞争的关键在于拥有一定规模的旅游客源市场。入境旅游市场、出境旅游市场、国内旅游市场被誉为我国三大客源市场。对我国旅游客源市场的影响因素和旅游客源地的市场特征进行分析归纳,便于制订切实可行的开拓对策。

一、入境旅游市场

入境旅游是指非生活在该国的居民在该国的疆域内进行的旅游。我国入境旅游市场即海外来华旅游市场,是我国旅游业"三大市场"中开发最早、发展最快的市场。但作为旅游资源极为丰富的旅游业大国,其发展潜力的深度还远未挖掘出来。所以,我们有必要对入境旅游的客源市场和客流市场的特征进行更深入的分析,并有针对性地研究发展对策。我国入境旅游市场主要由港澳台游客和外国游客构成。

(一)入境游市场总体概况

随着我国经济的快速发展,旅游业的入境业务也取得巨大的发展成就。在 1978 年,我国改革开放之初,内地入境旅游接待规模仅有 180.92 万人次,旅游外汇收入为 2.93 亿美元。2008 年,我国入境游客总计 13 002.74 万人次,旅游外汇收入为 408 亿美元。2013 年,入境旅游人数 1.29 亿人次,实现国际旅游(外汇)收入 516.64 亿美元。2011 年至 2013 年我国入境市场总体情况如下:

表 4-1 2011 年至 2013 年我国入境市场总体情况

年度	入境市场人员及收入情况					
	合计(万人次)	旅游外汇收入(亿美元)	外国人	香港同胞	台湾同胞	澳门同胞
2011 年	13 542.35	484.64	2711.20	7935.77	526.30	2369.08
2012 年	13 240.54	500.28	2719.16	7871.30	534.02	2116.06
2013 年	12 907.77	516.64	2629.03	7688.46	516.25	2074.03

(资料来源:依据国家旅游局政务网相关资料整理)

从上表可以看出,我国入境旅游主要客源来自港澳台同胞,这三年来人次小幅下降。外国人入境游人次也略有下降,但旅游外汇收入在逐年增加,呈现良好势头。

（二）客源市场地域分布

历年来，港澳台同胞在我国入境游人次中占比高达80%以上，是我国入境旅游市场的主体构成部分。本章我们重点分析外国人来华旅游地域及国别情况。从地域来讲，我国海外旅游市场广泛分布亚、欧、美、大洋洲和非洲各地，地域呈现多样性特点。但区域游客量的区别较大，依据来访人次进行排序，依次为：亚洲市场、欧洲市场、美洲市场、大洋洲市场、非洲市场。

根据国家旅游局统计，2012年我国入境外国客源市场微幅增长。2012年全年入境外国游客人数2719.16万人次，比上年增长0.3%。亚洲市场依旧是主要客源市场，入境人数1664.88万人次，与2011年基本持平，占入境外国游客人数的61.2%。欧洲市场入境人数592.16万人次，占入境外国游客人数的21.8%，增长0.2%；美洲市场入境人数317.95万人次，占入境外国游客人数的11.7%。小幅下降0.7%；大洋洲市场入境人数91.49万人次，占入境外国游客人数的3.4%，增长6.5%；非洲市场入境人数52.49万人次，占入境外国游客人数的1.9%，增长7.4%。2012年，外国人入境过夜游客在我国境内平均停留时间为7.5天，比上年延长0.2天，增长2.7%；人均每天花费为212.75美元，比上年增长3.53美元，增长1.7%。

2011年至2013年，我国国内主要客源国的分布情况如表4-2所示：

表4-2 我国前十大主要客源国

排序	2011年	2012年	2013年
1	韩国(418.54万人次)	韩国(406.99万人次)	韩国(396.90万人次)
2	日本(365.82万人次)	日本(351.82万人次)	日本(287.75万人次)
3	俄罗斯(253.63万人次)	俄罗斯(242.62万人次)	俄罗斯(218.63万人次)
4	美国(211.61万人次)	美国(211.81万人次)	美国(208.53万人次)
5	马来西亚(124.51万人次)	马来西亚(123.55万人次)	越南(136.54万人次)
6	新加坡(106.3万人次)	越南(113.72万人次)	马来西亚(120.65万人次)
7	越南(100.65万人次)	新加坡(102.77万人次)	蒙古(105.00万人次)
8	蒙古(99.42万人次)	蒙古(101.05万人次)	菲律宾(99.67万人次)
9	菲律宾(89.43万人次)	菲律宾(96.20万人次)	新加坡(96.66万人次)
10	加拿大(74.8万人次)	澳大利亚(77.43万人次)	澳大利亚(72.31万人次)

（资料来源：依据国家旅游局政务网相关资料整理）

二、出境旅游市场

《中国旅游统计年鉴》对于出境旅游的定义为：出境旅游是指中国（大陆）居民因公或因私出境前往其他国家、中国香港特别行政区、澳门特别行政区和台湾省进行的观光、度假、探亲访友、就医疗病、购物、参加会议或从事经济、文化、体育、宗教等活动。我国的出境旅游活动分为四个部分，即出国游、边境游、港澳游和台湾游。

（一）出境游市场总体概况

1984 年国务院批准开放内地居民赴港澳地区探亲旅游，这是我国出境旅游的起步。随着香港、澳门的回归，20 世纪 90 年代后，出境游快速发展起来，2000 年中国出境游突破 1000 万大关，2003 年又突破 2000 万，2013 年我国公民出境人数达到 9818.52 万人次，其中：因公出境人数 621.62 万人次。因私出境人数 9196.90 万人次。经旅行社组织出境旅游的总人数为 3355.71 万人次，与上一年相比，增长 18.55%，其中：组织出国游 2085.58 万人次，增长 30.4%；组织港澳游 988.55 万人次，增长 3.4%；组织台湾游 281.57 万人次，增长 2.0%。

表4-3 2002—2012 年我国出境旅游人数统计（万人次）

年度	国内居民出境人数	因私出境人数	因公出境人数
2012 年	8318.17	7705.51	612.66
2011 年	7025	6411.79	613.21
2010 年	5738.65	5150.79	587.86
2009 年	4765.62	4220.97	544.65
2008 年	4584.44	4013.12	571.32
2007 年	4095.4	3492.4	603
2006 年	3452.36	2879.91	572.45
2005 年	3102.63	2514	588.63
2004 年	2885	2298	587
2003 年	2022.19	1481.09	541.1
2002 年	1660.23	1006.14	654.09

（资料来源：产业信息网）

据国家旅游局 2013 年旅游业统计公报显示，我国出境旅游目的地，排名前十名的国家和地区依次包括中国香港、中国澳门、韩国、泰国、中国台湾、美国、日本、越南、柬埔寨、马来西亚。另外,一些小众目的地,如塞舌尔、斐济、丹麦、文莱、埃及、墨西哥等也备受中国内地游客青睐。

(二)出境旅游市场的特点

中国出境旅游市场主要有增长速度快、出行目的地以近程为主、远程出境旅游市场增长较快几个特点。在出行方式上,跟团游和自由行各占半壁江山,越来越多的年轻人选择自由行,"80后""90后"成为出境游的主力军。一线城市居民是出境游的主体,出游人数最多的城市依次是上海、北京、广州、深圳、天津、杭州。

随着中国旅游对外交往的不断扩大,中国已成为国际旅游交流的重要组成部分和推动力量。随着中国旅游业的持续发展,中国与世界各国各地区间的旅游交往日益扩大。目前,境外驻华旅游机构已达32家,中国驻海外旅游办事处也已达17家;中国与联合国世界旅游组织、亚太旅游协会、世界旅游及旅行理事会等国际旅游组织,建立了紧密联系并陆续开展了一系列重要合作。中国公民出境旅游快速发展,中国已成为亚洲最大、全球重要的新兴客源大国。根据世界旅游组织预测,到2020年,中国将成为世界上第四大旅游客源国。

三、国内旅游市场

国内旅游,是指国家内的居民离开长住地到国内另一地方去进行的旅游。国内旅游在中国自古有之,持续发展到现代。

(一)国内旅游市场概况

从2009年的《国务院关于加快发展旅游业的意见》,到2013年2月《国民旅游休闲纲要(2013—2020)》正式发布、《旅游法》正式实施,再到2014年的旅游旺季,国务院下发《国务院关于促进旅游业改革发展的若干意见》,一系列改革和扶持政策持续助推我国旅游业发展。国家旅游局通报显示:2011年,全国国内旅游人数26.41亿人次,比上年增长13.2%;全国国内旅游收入19 305.39亿元人民币,比上年增长23.6%;全国国内旅游出游人均花费731.0元。2012年,全国国内旅游人数29.57亿人次,比上年增长12.0%;全国国内旅游收入22 706.22亿元人民币,比上年增长17.6%;全国国内旅游出游人均花费767.90元。2013年,全国国内旅游人数32.62亿人次,比上年增长10.3%;全国国内旅游收入26 276.12亿元人民币,比上年增长15.7%;全国国内旅游出游人均花费805.5元。由此可见,2011年至2013年,国内旅游市场发展迅速,出游人次、旅游收入、人均花费都有较大提高。

(二)国内旅游市场的特点

1. 城镇居民和农村居民旅游行为存在差异

虽然农村居民的出游量高于城镇居民,但是与农村居民出游相比,我国城镇居民的国内旅游表现出以下两点突出特征:

(1) 出游率高

城镇居民国内旅游出游率在 1993—1998 年依次为 61.64%、75.08%、91.0%、91.5%、92.4%、89.2%,至 2001 年,出游率已经达到 110.2%;而农村居民国内出游率在 1995—1998 年依次为 41.2%、52.8%、39%、47%,2001 年出游率仅仅为 44.2%。

(2) 消费水平高

首先,城镇居民参加国内旅游的消费总额高于农村居民。1995—2001 年城镇居民的国内旅游消费总额依次为 1140.1 亿元、1386.36 亿元、1551.83 亿元、1551.13 亿元、1748.23 亿元、2235.26 亿元和 2651.68 亿元;而农村居民国内旅游消费总额在 1995—2001 年依次为 235.60 亿元、270.02 亿元、560.87 亿元、876.05 亿元、1083.69 亿元、940.28 亿元和 870.7 亿元。

其次,城镇游客消费水平要远远高于农村游客。城镇居民参加国内旅游的人均消费水平,1997—2001 年依次为:599.80 元/人、670.0 元/人、614.8 元/人、678.6 元/人和 709 元/人,5 年内人均国内消费额为 654.44 元/人。相比之下,农村居民参加国内旅游消费水平,1997—2001 年依次为:145.7 元/人、197.1 元/人、249.5 元/人、226.6 元/人和 212.7 元/人,5 年内人均国内消费额为 206.32 元/人,只相当于同期城镇居民人均国内消费额的 31.53%。

通过上述分析不难看出,城镇居民的外出旅游在国内旅游市场中一直占据着主导地位,无论从出游率还是消费水平方面衡量都是如此。近几年来,农村居民外出旅游居于快速增长阶段,考虑到农村居民庞大的人口基数和农业经济的未来发展,应该说农村居民的旅游市场极有发展潜力。

2. "黄金周"的旅游"井喷"现象

自从 1999 年国务院公布新的《全国年节及纪念日放假办法》,采用新休假制度后,国内旅游市场初步形成了春节、"五一""十一"三个出游量集中的旅游"黄金周"。2004 年全国"假日办"公布的数据显示,当年"黄金周"全国旅游接待总量是全年平均数的 9 倍,日均接待总收入相当于全年平均数的 24 倍。这种现象被称为"井喷"现象。

视野拓展

我国是发展中国家,发展旅游业的总体方针是"大力发展国际旅游,积极发展国内旅游,适度发展出境旅游"。自 2004 年起,我国已连续几年成为世界第四入境接待国、亚洲第一客源输出国、世界第一国内旅游大国,实现了从旅游资源大国到世界旅游大国的跨越。

2014年,我国旅游业持续快速发展。国内旅游市场高速增长,入境旅游市场稳中有进,出境旅游市场快速增长。国内旅游人数36.11亿人次,收入3.03万亿元人民币,分别比上年增长10.7%和15.4%;入境旅游人数1.28亿人次,实现国际旅游收入1053.8亿美元;中国公民出境旅游人数达到1.07亿人次,旅游花费896.4亿美元;全年实现旅游业总收入3.73万亿元人民币。全年全国旅游业对GDP的综合贡献为6.61万亿元,占GDP总量的10.39%。旅游直接就业2779.4万人,旅游直接和间接就业7873万人,占全国就业总人口的10.19%。

案例分析

近些年,大学生成为新兴旅游目的地的"尝鲜一族"。2013年7月由海南省旅游委、省教育厅、共青团海南省委和中国旅游报社联合主办的2013海南国际旅游岛大学生休闲旅游季上,由海南大学生设计的30条获奖线路尤其是其中15条公开拍卖的线路受到大学生们的欢迎。在海南景区、风情小镇等地可以看到不少来自岛内高校的大学生和他们岛外的同学。"潭门和博鳌风情小镇很漂亮,琼海果然是一个适合出游的旅游目的地。"国庆当天在潭门和同学骑自行车的葛同学说,在网上看到海南大学生设计的30条旅游线路,其中涉及最多的是琼海,所以这个国庆和同学专门到潭门和博鳌小镇体验骑游。

2013年国庆期间《国民旅游休闲纲要》的出台和《旅游法》正式实施,刺激海南散客市场出现井喷。业界人士坦言,与旅行社组团出游提供全程保姆式服务不同的是,散客市场对旅游目的地的整体旅游接待体系是一大考验,比如旅游公交服务体系的构建、旅游公共服务体系的建设……

小组讨论:如何从观光时代的管理跨越到国民休闲时代的管理模式?如何适应国民休闲时代以散客为主的市场形势?

分析

《旅游法》的实施并没有影响人们出游的欲望,国庆节期间全国旅游市场普遍出现井喷现象,《旅游法》对旅行社、导游、购物点和团队市场是一大考验,对散客市场是一颗定心丸。一种新的旅游消费形式正在出现,而新市场、新玩法、新客源和新目的地,成为海南国庆"黄金周"的最大亮点。

自驾散客成为"黄金周"市场主力。"黄金周"期间,海南各大景区停车场一位难求,国内各省及岛内各地的自驾车把停车场挤得满满当当。国庆期间,

> 呀诺达景区每天迎来大量岛内外自驾车,最高峰时超过2000余辆,景区专门增派人手,加大疏导力度。

特别提示

艾瑞咨询指出,在2014年二季度,中国在线旅游市场交易规模已达614.1亿元,同比增长了17.1%。互联网渗透率的提升和智能手机在中小城市的渗透和发展,必将带动在线旅游服务加速在全国的渗透,而随着国民旅游需求和在线旅游渗透率的提升,中国在线旅游市场也必将释放出巨大的增长潜力,预计到2016年交易规模将达到4440亿元,占旅游行业整体收入比例为11.8%,2013年至2016年的年复合增长率将达到26.7%。

任务评价

任务评价表

序号	任务内容	任务要求	自我评价	待改进方向	备注
1	我国入境旅游市场	掌握结果及成因			
2	我国出境旅游市场	掌握结果及成因			
3	我国国内旅游市场的发展趋向	掌握结果及成因			

项目关键词

旅游产品 观光旅游产品 度假旅游产品 专项旅游产品 生态旅游 旅游市场 出境旅游市场 入境旅游市场 国内旅游市场

 课后练习题

一、名词解释

1. 旅游产品　2. 旅游市场　3. 国际旅游市场

二、判断题

1. 入境旅游是指港澳台来华旅游市场。

2. 我国旅游业"三大市场"中开发最早、发展最快的市场是出境旅游市场。

3. 从入境外国游客的年龄构成来看,外国老幼类游客增长较快。

4. 2014 年中国内地游客赴日本、韩国旅游增长显著,韩国首次排名第一,成为中国内地游客出行人次最多的国家。

5. 中国公民出境旅游快速发展,中国已成为亚洲最大、全球重要的新兴客源大国。

三、简答题

1. 旅游产品可以分为哪几种类型?

2. 旅游产品有哪些特征?

3. 请说出旅游市场的特点。

4. 旅游市场如何进行划分?

5. 按旅游目的地划分的专项旅游市场有哪些?

四、分析题

请分析我国国内旅游市场的发展趋向。

项目五　旅游业发展的影响与趋势

项目概览

　　旅游业是社会经济发展到一定历史阶段的产物,同时,发展旅游业反过来又对经济、社会、文化和环境产生积极的、消极的影响。正确认识旅游业对于发展国民经济和社会、文化、环境所能产生的积极影响,努力抑制旅游业可能带来的消极影响,对于掌握旅游发展趋势,实现旅游业的可持续发展,具有重要的意义。

学习目标

1. 熟悉旅游业的发展对目的地经济的影响。
2. 熟悉旅游业的发展对目的地社会的影响。
3. 熟悉旅游业的发展对目的地文化的影响。
4. 熟悉旅游业的发展对目的地环境的影响。
5. 掌握我国发展旅游业的方针政策。
6. 掌握我国旅游发展趋势,制订个人职业发展目标。

任务一　认识旅游业发展的影响

任务描述

　　本任务要求学生主要通过课前资料收集和教材阅读理解、课上听讲思考和提问、课后巩固复习以及案例解读等方式,掌握有关旅游业发展对旅游目的地经济、社会、文化和环境的影响及我国旅游业发展趋势的知识。

情境导入

国家主席习近平23日就"中国旅游年"在韩国首尔开幕发去贺信,祝"中国旅游年"取得圆满成功。

习近平对"中国旅游年"开幕表示祝贺,向韩国人民致以诚挚问候。习近平表示,中韩文化交流源远流长。中国自古推崇"读万卷书,行万里路"。韩国诗人崔致远盛赞半岛"东国花开洞,壶中别有天"。韩国民众很能理解中国文化的深厚底蕴,中国民众也很欣赏韩国文化的独特魅力。这些为两国扩大包括旅游在内的人文交流奠定了坚实基础。

习近平希望双方以此为契机,全面扩大旅游合作和文化互鉴,为促进双边关系发展、增进人民友好感情作出新贡献。

韩国总统朴槿惠也向"中国旅游年"开幕式发去贺信。她表示,韩中在历史和文化传统方面联系紧密,两国人员往来从建交之初的10万人次扩大到目前一千万人次,期待两千万人次时代尽快到来。朴槿惠表示希望韩中两国以各自的创新和革新精神发展旅游合作,两国国民更多互访,了解对方国家的历史文化和传统风俗,增进友谊和信任,使两国成为更加亲密的邻邦。

(资料来源:张青,宋成峰.习近平就"中国旅游年"在韩国开幕致贺信[EB/OL].新华网,2015-01-24. http://news.xinhuanet.com/2015-01/24/c_1114113152.htm.)

你如何看待两国国家领导人如此重视这个活动呢?

相关知识

一、旅游业发展对国民经济的影响

1. 可成为国民经济新的增长点

从一般意义上讲,新的经济增长点是指市场需要潜力比较大、增长比较快、辐射带动能力强、经过努力可以较快发展的新兴产业。旅游业是向旅游者提供旅游产品和服务的产业,它属于社会产业结构中的第三产业,有很强的生命力。

从国际上看,现代旅游业从20世纪60年代开始发展至今,其产业规模不断扩大,对世界经济发展所起的作用日益增加。根据世界旅游组织的研究结果,20世纪90年代初世界经济处于衰退状态,但是世界旅游业却仍以年均4.4%的速度增长,至1992年,旅游业就已经超过钢铁、石油、汽车等传统产业成了世界第一大产业。

早在1998年,我国旅游业被确立为国民经济新的增长点,步入了快速发展的阶段。世界旅游组织曾经预测,到2020年,我国将成为世界第一大旅游目的地国家和第四大客源输出国。国家旅游局有关人士认为,我国拥有一大批具有世界独特性和垄断性的旅游资源,还有世界上最大的国内旅游市场。

旅游业之所以能够在国民经济增长中能成为新的增长点,主要有五个方面的原因:一是旅游业创汇创收功能显著,已成为国民经济新的增长点和许多地方的支柱产业;二是旅游产业带动功能强,能够促进一大批相关产业和行业的发展;三是旅游业综合利用资源的覆盖面和渗透力强,能促进国土资源的充分、合理、有效的利用;四是旅游业吸纳就业的功能突出,能够为城乡居民提供大量的直接和间接就业机会;五是旅游业具有宣传和民间外交的功能,在加强社会主义精神文明建设、促进对外开放、配合外交工作中发挥了特殊作用。

2. 可成为一个国家或地区的支柱产业

国际上一般认为一个产业的增加值占到GDP的5%以上就是支柱产业,占到8%以上就是战略性支柱产业。国务院2009年11月3日发布的《关于加快发展旅游业的意见》中明确了新时期我国旅游业发展的战略定位,即"把旅游业培育成为国民经济的战略性支柱产业和人民群众更加满意的现代服务业"。全国旅游工作会议提出"中国旅游业十五计划和2020年远景目标纲要"。中国旅游产业从第三产业的新兴产业和国民经济新增长点向国民经济重要支柱产业提升。截至2011年底,共有30个省区市将旅游业定位为支柱产业、主导产业、先导产业或龙头产业。

据国家统计局数据表明,2013、2014两年旅游产业对GDP直接贡献都超过7%,旅游产业对GDP综合贡献都超过10%;旅游产业间接带动增加值超过15 000亿元,对GDP增长拉动点数在1%左右,对GDP增长率贡献超过10%。根据国家旅游局的规划,到2020年,要把旅游业发展成为我国服务业的龙头产业和主导产业,旅游业增加值占服务业增加值的比重要超过40%,将使我国旅游产业结构更加优化、公共服务的功能更大幅度得到提升、国际竞争力显著增强以及就业容量显著增加,旅游业的总体发展水平将与我国全面建设小康社会的要求相对应。

3. 可带动一个国家或地区其他产业的发展

旅游业在发展的同时,还刺激着其他产业的发展,并对国民生产总值产生重要影响。实际上,现代旅游业已渗透到国民经济的每一个部门,它需要物质生产部门和非物质生产部门的协调和支持才能运转。另外,旅游业是第三产业中一个独立的行业,旅游业形成的从上游的旅游资源开发到下游的旅游产品消费的全过程关联关系,以及在这种投入产出过程中与涉及的第三产业各部门所构成的关联关系体系,使旅游产业在必然促进第三产业增长的同时,还促进了一个国家或地区的交通运输业、仓储业、邮电通信业、批发和零售业、住宿和餐饮业、金融业、建筑业、房地产业、农业的发展以及国家机关、社会团队、科研教育、广播电视、卫生体育和社会福利业等部门的增长。

据世界旅游组织统计,旅游业每收入1元,可带动相关产业收入增加4.3元。联合国统计署的数据测定显示:旅游业拉动的相关行业达110个,其中,对住宿业的贡献率超过90%,对民航和客运的贡献率超过80%,对文化娱乐产业的贡献率达50%,对餐饮业和商品零售业的贡献率超过40%。

4. 可利于区域经济结构的调整和发展

区域经济结构是指一个区域内各经济单位之间的内在经济、技术、制度等组织联系和数量关系,是影响区域经济增长的重要因素之一,它决定了区域资源配置的基本模式。经济结构与经济发展是互相影响和互为因果的。经济结构的合理化能够促进区域经济健康、稳定发展;反过来,区域经济的健康、稳定发展也有助于经济结构的进一步改善,促使经济结构更加合理化。

在全面建设小康社会的进程中,旅游业日益成为区域经济发展的重要组成部分和新的增长点,尤其是在促进就业、调整经济结构、推动区域经济发展、扩大对外开放、提高人民生活水平等方面发挥越来越重要的作用。大力发展旅游业,不仅可以带动交通、轻工、农业、商业、房地产等相关行业的发展,而且能增加就业机会,优化产业结构,有力地推进国民经济的发展。

5. 可增加外汇收入,平衡国际收支

旅游外汇收入也称国际旅游收入,是指本国为入境的国际旅游者(包括过夜和不过夜旅游者)提供的商品及各种服务所得到的外汇收入。旅游外汇收入是一国外汇收入的重要组成部分,它反映了一国国际旅游的规模和水平。国际收支是指一定时期内一个国家或者地区与世界其他国家或地区之间发生的各项经济活动的货币价值之和。

由于国际旅游是不同国家间的旅游活动,一国的货币随着旅游者的旅游到达另一国,形成不同国家外汇的流出或流入。相对于出口商品的贸易换汇而言,旅游换汇具有较大的优势:可避免对外贸易中常见的贸易壁垒的损害;国际旅游商品的出口,实际上是一种旅游劳务的就地出口,可充分发挥人力资源较为丰富的国家或地区的优势;旅游目的地所出售的旅游商品或服务的"就地消费"成本费用,大大低于对外贸易的成本费用。

我国增加旅游外汇收入最主要的方法就是要增加来华入境人数,增加旅游景点、改善旅游条件、开发旅游资源,吸引国外游客。同时,还要为游客准备种类繁多、价格合理、方便实用的商品,特别是有纪念意义的小商品;另外还要改善服务质量、增加服务种类,等等。我国近15年来的旅游外汇收入及年增长率如表5-1所示。

表 5-1　1998—2014 年中国旅游外汇收入及年增长率

年份	外汇收入(亿美元)	年增长率(%)	年份	外汇收入(亿美元)	年增长率(%)
1998	126.00	4.30	2007	419.00	25.07
1999	141.00	11.90	2008	408.00	-2.62
2000	161.00	14.18	2009	397.00	-2.70
2001	178.00	10.56	2010	458.00	15.37
2002	203.85	14.52	2011	485.00	5.90
2003	174.06	-14.61	2012	500.00	3.09
2004	257.40	47.88	2013	517.00	3.40
2005	292.96	13.82	2014	569.00	10.01
2006	335.00	14.35			

6. 可增加国家财政收入

财政收入形式是指国家取得财政收入的具体方式,即来自各个方面、各个部门、各个单位和个人的财政收入通过什么方式上交给国家。世界各国取得财政收入的主要形式都是税收。旅游业通过为旅游者提供一系列的服务或商品取得收入,进而将一部分收入以营业税和所得税的形式上缴国家和当地政府,形成国家的财政收入。

旅游业的规模越大,一个国家或地区的财政收入水平就越高。有关研究表明:我国旅游发展对国家财政收入具有正向促进作用,在其他条件不变的情况下,旅游收入每增加一个百分点,国家财政收入便增加 0.11 个百分点。

7. 可推进对外开放和扩大经济交流

就现代旅游业的起点而言,中国比西方国家晚了近百年。从新中国成立到 1978 年,旅游业作为中国外交事业的延伸和补充,承担的是民间外事接待的功能,不具备现代产业的特征。1949 年至 1977 年,全国入境游客接待量合计不到 70 万人次。同期,世界旅游业经历了加速发展的黄金时期,全球国际旅游收入在 30 年间增长了近 33 倍。

从 1978 年开始,中国旅游业进入了新的历史时期。邓小平提出我们要把旅游事业由"事业接待型"变为"经济创汇型",通过发展旅游事业,构建一个对外的窗口,使世界上更多的外国友人通过来中国旅游了解中国,让中国走向世界。借改革开放之力,得改革开放之利,经过 30 多年发展,在国际上,中国已经成为世界旅游大国,树立了鲜明的旅游目的地形象,增进了中国与世界的经济交往,扩大了中国的国际影响,形成和发展了中国与世界各地区的经济联系和经济关系。

8. 可利于消除发达国家和发展中国家间的经济差距

根据世界各国的经济发展水平和贫富状况,通常将它们分为发达国家和发展中国家。发达国家,一般包括西方主要资本主义国家,这里主要是指1960年成立的经济合作与发展组织的24个成员国。发达国家主要分布在欧洲、北美洲、大洋洲,亚洲只有日本是发达国家。发展中国家绝大多数是第二次世界大战以后新独立的亚非拉国家,也包括东欧一些国家。

目前,发展中国家与发达国家之间的经济存在相当大的差距。发达国家人口仅占世界人口的24%,却拥有世界工业总产值的90%;发展中国家人口占世界人口的76%,只拥有世界工业总产值的10%。据外国一些经济学家估计,如果发展中国家经济增长率每年保持在5%,发达国家增长率保持在2.5%,发展中国家要赶上发达国家,还需要150年。

值得注意的是:旅游者的流动规律是从发达国家或地区流向不发达国家或地区。发达国家由于其经济发展水平较高,在国际旅游业中主要为旅游输出国,而发展中国家主要为旅游接待国,并通过为来自发达国家和地区的旅游者提供旅游产品和服务而获取旅游收入,从而有助于消除发达国家和发展中国家间的经济差距,并确保发展中国家经济增长、社会进步的速度。

二、旅游业发展对社会的影响

1. 可以扩大社会就业

旅游是劳动密集型产业,具有行业关联度高、就业容量大、就业门槛低、就业领域宽、就业方式灵活等显著特点。

对旅游业创造就业机会,许多国家都持乐观态度。世界旅游业理事会(WTTC)是全球旅游业的商业领袖论坛组织,其2005年预测:到2015年全球旅游直接就业8552.1万,旅游全部就业2.70亿,每11.2人中就有1人从事旅游相关工作。美国经济分析署预计,每增加65个入境游客,就能增加一个就业岗位。也正因为如此诱人的前景,旅游就业一直是国际旅游组织和各国、各地区都较为关注的问题。

我国有丰富的旅游资源,充分利用旅游优势,进一步扩大就业和促进再就业,潜力巨大,前景广阔。改革开放以来,我国旅游业一直保持着快速增长,在拉动有效需求、推动结构调整、促进西部大开发、提高人民生活质量,特别是在扩大就业方面,发挥了突出作用。

早在2008年,为了贯彻落实《国务院关于做好促进就业工作的通知》精神,进一步发展旅游业、促进就业,经国务院同意,国家发展和改革委员会、国家旅游局、人力资源和社会保障部、商务部、财政部、中国人民银行联合发布了《关于大力发展旅游业促进就业的指导意见》。该《意见》明确指出,旅游业是国民经济的重要产业,是扩大就业的重要渠道。大力发展旅游业促进就业要以党的十七大精神为指导,按照科学发展观和全面建设小康社会的总体要求,坚持以市场为导向、坚持因地制宜和分类指导、坚持可持续发展、坚持改革和创新的原则,加快旅游经济发展,支持实施扩大就业的发展战略。到2015年,形成就业与产业协调发展的机制,旅游就业规模从目前的6000万人增加到1亿人左右。

2. 有利于促进和谐社会的形成

和谐社会,实际是指以人为主体的社会和谐的发展状态。它包括社会个体的和谐发展、社会结构和谐、经济发展和谐、人与自然和谐四个方面的基本内涵。旅游业具有一定的经济和社会功能,与构建和谐社会有着内在的同一性,发展旅游业可以促进和谐社会的构建。

旅游业能够缓解个体之间以及个体与社会的利益矛盾,促进个体的和谐发展,促进当地居民与游客直接和间接的交流,实现人与人之间的理解和信任;旅游业还能促进区域间的文化交流,实现先进理念和知识的区域间流动,促使社会关系和谐发展。

旅游业能够推动落后国家和地区脱贫致富,缩小区域经济差距;促进产业结构调整,扩大内需,刺激消费;增加就业和再就业;更新公民的思想观念,改善居民的生活,修身养性,陶冶情操,提高公民的文化水平和文明意识。

在旅游开发、经营、管理方面,旅游的发展能够使旅游开发国或地区通过特色化的产品、人性化的服务、柔性化的管理、多元化的经营,充分满足旅游者的需求,推动旅游业从流量增长型向质量增长型转化,使旅游业走上区域特色旅游协调发展、经济社会与生态效益并重、国内旅游与国际旅游并举、旅游与人和自然和谐发展的旅游产业发展新道路,真正凸显旅游业在构建和谐社会中的积极作用。

3. 可以促进世界和平

在当今经济全球化的趋势下,旅游活动日趋国际化,旅游经济也日趋全球化。旅游在国际事务中发挥着越来越重要的作用。

1980年10月在菲律宾马尼拉世界旅游会议上通过的《马尼拉世界旅游宣言》曾指出:"旅游的存在和发展完全取决于是否存在持久的和平,而旅游应对实现永久的和平做出贡献。""在公正、民族愿望基础之上的国际关系和寻求和平方面,旅游不仅是一个促进相互了解和理解的积极的、永久的因素,而且是实现世界各国人民之间较大程度的尊重和信任的基础。"

旅游是民间外交一种非常好的形式,它是世界性的。世界旅游可以成为世界和平的关键力量,并能为国际理解和相互依赖提供道义和理智的基础。世界旅游能够对建立一种新的国际经济秩序做出贡献,而这种秩序将有助于消除发达国家与发展中国家之间日益扩大的经济差距并确保逐步加快特别是发展中国家经济、社会发展和进步的速度。不论各国经济、社会制度如何,世界旅游只有基于公正、主权平等、不干涉内政、国家之间相互合作等原则,并且只有以提高所有人的生活水平并改善其生活条件使之符合人的尊严为最终目标,才能得到繁荣的发展。

所以,旅游既有利于推动不同国家各自文明的创新发展,也能让各国人民享受更富内涵的精神生活、开创更有选择的未来,是增进各国人民友谊的桥梁、推动人类社会进步的纽带、维护世界和平的重要动力。

三、旅游业发展对文化的影响

1990年10月召开的首届中国旅游文化学术研讨会提出:"旅游文化是以一般文化的内在价值因素为依据,以旅游诸要素为依托,作用于旅游生活过程中的一种特殊文化形态,是人类在旅游过程中(一般包括旅游、住宿、饮食、游览、娱乐、购物等要素)精神文明和物质文明的总和。"

旅游是文化的载体和传播媒介,文化是旅游的灵魂。实践表明,"举凡旅游业昌盛之国,莫不以旅游文化取胜"。但旅游对当地文化的影响,既有积极的一面,又有消极的一面。

(一)对目的地文化的积极作用

1. 旅游对文化有传播作用

旅游者到异国他乡旅游,目的之一就是学习和了解当地文化,与此同时,又将自己本国、本地区或本民族的文化带给旅游目的地居民,因此,旅游能够促进文化的传播和交流。

2. 旅游对文化有保护作用

文化是一种旅游资源,是旅游者参观、游览的对象,因此,一个国家、地区、社会以及当地居民为了发展旅游业,为其经济和社会服务,就必然十分重视对其民族文化和当地文化的发掘和保护。

3. 旅游对文化有促进作用

文化是提高人的素质,提高管理水平的关键。旅游文化大量地体现在旅游业的管理者及其从业人员身上,其文化素质的优劣、经营管理水平的高低,直接影响旅游者能否获得良好的审美享受和精神满足,直接关系到旅游资源能否得到合理的开发和利用,进而影响到旅游业的发展。

4. 旅游可以增强民族文化吸引力

越是有特色的文化,越能吸引旅游者。一个国家的旅游业若缺少了自己本民族传统文化的底蕴,便失去了特色,不能反映出本民族独有的精神内涵,也便失去了强大的吸引力。

5. 旅游可以促成文化品牌效应

由于文化具有地域性、民族性、传承性等特点,往往为一个国家和地区所独有,很难模仿和复制。因此,旅游可促使一个国家和地区的旅游企业在竞争中减少可比性,使得文化产品具有垄断地位,易形成强有力的竞争能力,也易于创出自己的特色和名牌效应。

(二) 对目的地文化的消极作用

1. 旅游目的地居民的心理和行为易出现消极变化

由于旅游企业的从业人员长期工作于不同文化交叉并存的环境之中,况且外来文化又处于主导地位,所以就很容易造成心理上的失衡。旅游业的发展不但改变了当地居民的生活方式,而且还改变着当地社会的结构。旅游往往使接待地居民的经济观念越来越强烈,经济上的计算往往成为人们处理人际关系的重要标尺。

2. 旅游目的地的历史文化遗产易受不同程度的破坏

由于游客特有的物质摄取心理及不检点的行为,有的旅游者在旅游过程中除了眼看、耳闻、鼻嗅之外,还有在古树、碑刻、石头上刻字画画的不良习惯。刻字留念可以说是最常见的游客恶习,不仅破坏景观,影响一些植物的生长,而且会降低文化旅游资源的价值。

3. 旅游目的地的文化传统易遭到异地强势文化的冲击和同化

一个国家、一个地区的人们在历史长河中所形成的生产方式、生活方式和思维方式,如果没有受到外界的影响,该地区的文化就能长期保留其固有的特征,而无实质性的变化。在旅游者所携带的异质文化冲击下,地方文化的独特性往往会逐渐消失。正如有些文章所指出的,"旅游一旦开发到哪里,哪里的传统面貌便会发生急剧的改变,从衣着、建筑到生活方式都迅速地与外来者趋同"。

4. 旅游目的地的民俗文化易出现庸俗化倾向

从本质上来说,旅游就是人对差异文化的体验与追求。少数民族独特的传统文化可以满足游客求新、求异、求奇的心理需求。但是,某些旅游开发商往往用现代艺术形式对民族传统文化进行不恰当的包装和改造,使之失去了原有内涵;有的开发商为了迎合某些游客的需要,把一些陈规陋俗、低级趣味的东西搬上舞台;还有的开发商不懂各民族传统文化的内涵和区别,照搬照抄,形成不伦不类的假民族文化。所有这些做法,都会导致民族传统文化的庸俗化,使其渐渐失去原有的意义、价值和特色。

5. 旅游目的地的文化限制易宽松化,社会道德观念易扭曲

在经济利益的刺激下,旅游地对外来旅游者的文化限制较一般情况下更为宽

松一些。旅游地为了招徕游客,违心地接受外来文化中某些与本土文化的道德观念与价值取向大相径庭的东西,当地的部分居民极易失去原有的纯朴美德,使当地的社会风气恶化。此外,有些景区,因没有组织协调好当地居民的经营活动,平衡好各方利益,导致一些人心理失衡,敲诈游客哄抬物价、甚至威胁游客人身安全的旅游犯罪案件时有发生。

6. 旅游目的地易形成对旅游经济过度依赖等倾向

旅游发展带来的巨大经济、社会效益,一方面使得旅游地把发展的优先权让给旅游业,把国土、资源等让给旅游投资者;另一方面受旅游者的生活方式的影响,旅游地部分人的生活开始腐化,吃喝玩乐成风,形成了对旅游经济过度依赖等倾向。

四、旅游业发展对环境的影响

(一)旅游对环境的有利影响

1. 保护自然景区和历史古迹

为了吸引更多的旅游者并提高他们的满意程度,许多风景区、野生动物区和历史古迹作为旅游点,其环境保护问题自然会引起旅游经营者的高度重视。发展旅游业能够为当地带来大量资金,使风景区环境优化,使野生动物区受到保护,使历史遗迹得到维护、恢复和修整。

2. 改善基础设施和服务设施

旅游的发展既能改善地方的基础设施,如机场、道路、通信、用水系统和污水处理系统等,又可以促进当地休闲娱乐、住宿餐饮等服务设施的建设,从而使地方经济水平得以提高,地方人居环境得以改善。

3. 提高绿化比例和环境质量

发展旅游业客观上还将推进地区环境的"两化",即土地的绿化和环境的净化。旅游业可以通过植树造林、开发园艺项目或设计建设生态化建筑来扩大绿化面积,还可以通过控制空气污染、噪声污染、水体污染、垃圾污染和其他环境问题,促使环境的全面净化。

4. 强化生态旅游观念和行为

旅游环境是旅游生存之本,其本身就是一种旅游资源。因而旅游业的发展,在一定程度上建设、保护和美化了生态环境,提高了人们对自然环境科学利用和保护的认识,促进了自然生态环境的良性循环;同时,生态旅游的发展,培育了旅游者的人与自然和谐发展的意识,促进了生态观念的扩散和生态行为的产生。

(二)旅游对环境的不利影响

大量事实表明,旅游已成为环境污染源之一。根据世界自然保护联盟(IUCN)的归纳,旅游活动对环境主要有8个方面的负面影响,具体如下:

1. 对地表和土壤的影响

随着各自然区域内旅游活动的开展,旅游设施开发与日俱增,无论是陆地还是水域表面都可能受到旅游活动的影响,岩岸、沙滩、湿地、泥沼地、天然洞穴、土壤等不同的地表覆盖都可能承受不同类型的旅游冲击,尤其是地表植物所赖以生存的土壤有机层往往受到最严重的冲击。

2. 对植物的影响

人类的旅游活动对地表植被和植物的影响可分为直接影响和间接影响两大类。直接影响包括移除、踩踏、火灾、作为营火材料采集和对水生植物的危害。间接影响包括外来物种引入、营养盐污染、车辆废气、土壤流失等问题,这些都会间接地影响植物的生长和健康。

3. 对动物的影响

旅游区的开发可能会破坏野生动物的栖息地或庇护所。游客到达旅游区后,无论是旅游活动本身或是游客所制造的噪声都会干扰野生动物的生活和繁衍。而且一些游客喜欢"有吃又有拿",嗜吃各种山珍海味,又偏爱收集各类野生动物制品,以显示自己的霸气,这样野生动物的生命就受到了威胁。

4. 对水体环境的影响

水体环境在旅游文化中占有重要地位,因而旅游活动对水体环境的影响也相当广泛而严重。主要体现在以下两个方面:

(1)船舶油污、垃圾污染。旅游水体污染的重要原因之一是旅游船只所排放的垃圾、油污的污染。很多水边地区,如海滨、泉点、河边等地为发展旅游业而修建度假村、休闲中心,其餐厅、宾馆等排放的污水和垃圾也是水体的污染源。

(2)水上运动的影响。随着度假旅游活动的日益兴盛,湖畔、河边、泉点等地水上运动项目,如水上摩托艇、划船、踩水、游泳、垂钓、潜水、驾驶帆船等,极大地丰富了人们的度假生活内容,同时也给水体环境带来了巨大的冲击。

5. 对大气环境的影响

随着游客进入旅游区以及供游客乘坐的交通工具蜂拥而至,汽车排放的大量有毒尾气、扬起尘埃和众多游人呼出的二氧化碳,以及旅游区内的宾馆、饭店等生活锅炉排放的废气,都会对旅游区的大气环境造成严重的污染。

6. 对环境卫生的影响

旅游活动对环境卫生的影响主要表现为固体废弃物垃圾污染。在很多风景名胜区,人们随处都可见到游客丢弃的各种固体废弃物垃圾。垃圾污染现已成为很多风景名胜地区的一大祸害,是一个十分普遍而又棘手的问题。

7. 对环境美学的影响

旅游活动对环境美学的不良影响主要在于游客的不文明旅游行为和旅游业的

不合理开发建设。刻字留念等最常见的游客恶习,不仅破坏景观,影响一些植物的生长,而且会降低文化旅游资源的价值。旅游设施建设项目的规划不当或开发过度,会使当地原有的景观环境遭到破坏,即所谓的"开发污染"。

8. 对社会文化环境的影响

社会文化是某一特定人类社会在其长期发展历史过程中形成的,它主要由特定的价值观念、行为方式、伦理道德规范、审美观念、宗教信仰及风俗习惯等内容构成。旅游对社会文化环境的影响体现在 4 个方面:(1)对文物古迹的破坏;(2)对当地居民的价值观和生活习惯的影响;(3)传统文化的过度商业化;(4)诱发主客矛盾。

在我国旅游业迅速发展、产业规模迅速扩张、国家对生态环境保护工作的要求越来越高的新形势下,旅游环保工作面临一系列新情况和新问题,主要表现在:一是旅游目的地生活污水和生活垃圾的处理任务日益繁重,一些游客的不文明行为对生态环境质量造成了伤害;二是一些地方的旅游规划水平不高,少数地方甚至未经规划就进行旅游开发,不但难以做到对旅游资源的合理开发,优化利用,而且容易造成建设性破坏;三是旅游业发展造就了一批新的中小城市和集镇,这本来是经济进步的表现,但由于我国城镇规划工作滞后且水平较低,也带来了一些破坏风景区环境、损害生态环境质量的突出问题;四是一些地区经济基础的薄弱和我国旅游装备工业的落后,也给旅游区(点)生态环境质量的提高带来障碍;五是对旅游区(点)的客流量及环境容量的监测,目前还找不到各方面都能接受的稳妥可行的办法;六是一些外国已有先例、可以在学术上进行研究探讨的问题,被一些专家搞得复杂化了,也影响了旅游业的发展和旅游环保工作的开展。

视野拓展

科教环境,科教兴国创新发展,随着科教兴国方略的实施,信息科技化、装备科技化、交通科技化,在旅游业都得到了充分的体现和运用,这些科教兴国方略的实施、科技的增强,促使旅游业开发的手段、经营方式、发展空间都发生了革命性的变化,也有利于中国旅游业直接面向世界,实现跨越式的发展。与此同时,国民教育的普及化,有利于提升国民素质,也可以极大地增强游客的旅游意识和旅游创新。因为科教的兴起,旅游业的发展极大地提升了旅游品质,丰富了旅游类型,包括产权酒店和分时度假,这里涉及国民的素质问题以及受教育程度的问题,更重要的是涉及社会经济发展的问题。

案例分析

2014年12月加拿大华人参议员胡子修率领的"加拿大—海南2014文化之旅"代表团一行十余人到海南进行正式访问。通过为期五天的正式访问,胡子修认为,海南是理想的旅游目的地,海南在今后的发展中能够与加拿大形成互补优势。一方面,加拿大一年当中有近6个月是冬天,而海南地处热带,因此双方在旅游方面能形成互补,夏天可到加拿大旅游,冬季则来海南。另一方面,医疗服务可以是旅游的相关配套服务,能与旅游形成很好的互补,海南有潜质成为世界著名的度假疗养胜地,而加拿大的医疗实力享誉全球,可以为海南的国际旅游岛建设提供很大的支持。还有,海南本土文化独具魅力,具有鲜明的时代特征和地域特点,建议将海南文化介绍到北美,加拿大也可以把原住民的土著文化带到海南来,促进双方的了解。另外,他建议,航空公司可通过拓展新航线的方式,作为双方加强旅游合作的突破口。

(资料来源:张靖超.加拿大华人参议员看好加拿大与海南旅游合作[N].海南日报,2014-12-29.)

小组讨论:如果海南能成为加拿大首选旅游目的地,会对当地带来哪些方面的影响?

分析
1. 可以扩大海南客源市场,增加更多境外客人和当地的经济收入。
2. 促进双方的民间文化交流。
3. 增强两地人民的友谊和互相了解。

特别提示

旅游业的发展给文化、经济、社会带来了积极的作用,但是一味地追求效率、追求经济增长,过度地开发旅游资源,使人们赖以生存的环境遭受到越来越严重的破坏,它将严重影响到人们的生活质量甚至威胁到人类未来的生存。1995年4月,在西班牙的加纳利群岛,世界联合国教科文组织、联合国环境规划署、世界旅游组织等机构召开了可持续旅游发展世界会议。会上通过了《可持续旅游发展宪章》和《可持续旅游发展行动计划》,《可持续旅游发展宪章》指出了可持续旅游发展的实施必须坚持的原则,如:旅游业的发展必须建立在当地生态环境的承受力之上,符合当地经济发展的规划和当地的道德规范;可持续旅游发展的实质,就是要求旅游与自然、文化和人类生存环境成为一个整体;必须考虑旅游对当地文化遗产、传统习惯和社会活动的影响;等等。

任务评价

任务评价表

序号	任务内容	任务要求	自我评价	待改进方向	备注
1	旅游对目的地经济的影响	掌握8个影响的要点			
2	旅游对目的地社会的影响	掌握3个主要影响的要点			
3	旅游对目的地文化的影响	掌握5个积极影响和6个消极影响的要点			
4	旅游对目的地环境的影响	掌握4个积极影响和8个消极影响的要点			

任务二 了解旅游保障要素

任务描述

本任务要求学生主要通过课前资料收集、阅读教材内容以及课上听讲理解、课后复习等方式,达到了解和掌握发展旅游业的保障因素,包括政府干预和旅游组织的知识的目的。

情境导入

2014年4月24日下午,2014世界旅游旅行大会(WTTC)在海南三亚开幕,来自62个国家和地区约800名旅游行业代表热议当前国际旅游行业中的热点问题,多位政要及旅游业代表强调政府在未来全球旅游业发展中的重要作用,并以海南的高速发展为例,高度肯定中国政府在近些年对旅游业的大力扶持。在当天下午的开幕式上,中国国务院副总理汪洋表示,未来几年,中国会加大旅游基础设施建设投入,实施乡村旅游富民工程和旅游扶贫工程,同时加强环境综合治理,倡导健康文明的旅游方式,做大旅游业规模,提高旅游业的发展质量。在随后举行的大会讨论中,政府对旅游业的积极干预成为讨论的热点。

相关知识

一、政府对旅游发展的干预

(一)政府干预旅游发展的依据

1. 理论依据

政府干预旅游业发展的理论依据是旅游市场信息不对称、公共产品生产原理和外部不经济性理论。政府是旅游业发展的利益主体之一——这是政府干预的内在驱动力,政府通过旅游业的发展获得经济、社会和生态效益。

2. 市场依据

旅游业是关联性和边缘性极强的第三产业部门,其在国民经济发展中的地位和作用,要求政府予以干预主导,而政府弥补"市场失灵"的重要功能对干预旅游市场具有天然的优势。我国政府在干预旅游业市场的演变中,已经逐渐摆脱了行政强力干预的模式,而明确指出按照旅游业自身的特点,在以市场为主配置资源的基础上,充分发挥政府的主导作用。在经济社会转轨时期,政府应该从法制建设、企业制度和宏观调控等方面对旅游业进行干预。

(二)政府干预旅游发展的必要性

1. 政府提供公共产品的需要

基础设施以及其他公共产品性质的社会服务是一个旅游目的地整体旅游产品的重要组成部分。这些以基础设施为代表的公共产品的提供是旅游目的地政府的责任,因而政府不可避免地会介入旅游业。

2. 旅游目的地发展的需要

一个国家或地区作为旅游目的地在市场上以何种形象出现,并非某一旅游行业或企业力所能及,因而需要该国或该地政府参与和制定政策。

3. 保护旅游消费行为的需要

在保护消费者利益和防止旅游行业不公平竞争等方面,政府有责任对旅游业的行为进行约束和管理。

4. 旅游业可持续发展的需要

为了防止或抑制旅游发展有可能带来的负面影响和促成可持续旅游的实现,

政府必须要对旅游业的发展进行干预。

(三) 政府干预旅游发展的手段

政府干预旅游发展的形式很多，一般来讲，政府干预旅游发展的主要手段可划分为需求管理手段和供给管理手段两大类。

1. 需求管理手段

在影响和控制旅游需求方面，目的地政府常用的手段主要包括：(1)旅游目的地的对外促销与宣传；(2)控制游客进入量；(3)通过控制价格去影响需求；(4)通过为到访游客提供信息服务行使需求管理。

2. 供给管理手段

在控制和影响旅游供给方面，目的地政府常用的手段主要包括：(1)控制土地的用途，这是目的地政府用于控制旅游供给的最基本的方法；(2)行使建筑物管制，这一手段经常用以配合用地控制；(3)市场管制，主要通过立法和法规对旅游企业的市场行为进行规范；(4)实行特别征税，即对来访旅游者征收旅游税，最常见的做法是税额摊入饭店住宿价格；(5)实行投资鼓励政策。

旅游业的综合性意味着不同供给部门或行业之间存在着一种相互依存的关系，同时也暗示了旅游目的地各旅游行业协调发展的重要性。然而，旅游企业所有权的分散性及其为追求自身利益而各行其是的自由性，决定了各旅游行业或企业之间不存在自动的协调。因而这一问题只能靠政府有意识地进行干预才有可能得到结局，否则，任何一个供给部门的发展滞后或行为失误都会制约该地旅游业的成功发展。

二、旅游组织概论

旅游组织是指为了加强对旅游行业的引导和管理，适应旅游业的健康、稳定、迅速、持续发展而建立起来的具有行政管理职能或协调发展职能的专门机构。不同类型和层次的旅游组织在地方、国家乃至世界旅游业发展的进程中都起着不可忽视的推动作用。

(一) 旅游组织的分类

旅游组织的组织形式很多，它们所拥有的权力和地位也往往存在很大差别，但总的来说，旅游组织主要包括旅游行政组织和旅游行业组织两大类。

1. 旅游行政组织

旅游行政组织是由国家各级政府设立的、行使国家旅游行政管理职能的机构。它主要是运用行政命令和相关法规履行对各级各类旅游经济组织及其活动进行组织、协调、指挥和控制、监督的职能。按照它们管理权限范围的差异，旅游行政组织一般又可分为国家旅游组织和地方旅游组织两个不同层次。

根据世界旅游组织的解释,国家旅游组织是指在一个国家中,为国家政府所承认,负责管理全国旅游事务的组织。就一般而言,一个国家的最高旅游行政管理机构通常代表这个国家的国家旅游组织。

地方旅游组织是指在一个国家内的某地区设立的负责管理国内特定地区的旅游事务,以促进地区旅游业发展的政府机构或组织,它是地方的旅游行政管理机构。根据地方旅游组织所管理的区域范围的不同,这类旅游组织又可分为不同的层次。在我国有省、自治区、直辖市一级的地方旅游组织和计划单列市、县一级的地方旅游组织。地方旅游组织的主要职能是:在当地政府的支持下,通过与上级旅游组织有效协调与合作,对当地旅游事业的发展进行有效的组织、协调和管理。

2. 旅游行业组织

旅游行业组织是由旅游企业、团体、个人自愿联合组成的社会性组织,是一种民间的社会团体。它们以自愿和不盈利为原则,积极参与旅游活动,为按计划保证满足旅游者需要的大量经济活动和非经济活动创造良好的条件。

根据组织活动范围的不同,旅游行业组织可分为世界性的旅游行业组织,如国家旅行社联合会(UFTAA),区域性的旅游组织,如东亚旅游协会(EATA),国家或地方旅游行业组织。这些类型的旅游行业组织在旅游各行业的发展过程中起着重要的协调作用,目前在一些旅游业比较发达、私人企业非常活跃的国家和地区,旅游行业组织往往带着半官方性质。

(二)旅游组织的职能

在不同的国家,由于旅游业发展水平的差异,旅游行政组织和旅游行业组织在管理和协调旅游事务方面的地位和作用存在差异。

1. 旅游行政组织的职能

旅游行政组织的主导职能是调控与管理,具体而言,其基本职能主要应包括以下几个方面:(1)确定旅游业在国民经济发展中的地位,制定旅游发展的战略目标与规划,对旅游业进行综合平衡和宏观调控;(2)拟定旅游业发展的方针政策、行政法规、制度规范和行业标准并组织实施,协调各旅游发展部门的利益和关系;(3)运用行政职权,控制旅游业的发展规模与速度,调节市场价格,控制客源流量,保持旅游服务质量;(4)负责国内旅游市场的宏观管理和国际旅游市场的宣传促销与推广拓展;(5)对从事旅游业务的企事业单位实施行业管理,依法进行审批和监督检查;(6)管理出入境旅游事务;(7)调查研究和统计分析旅游业的供需状况,帮助制订营销策略;(8)管理与指导旅游教育培训与就业。

2. 旅游行业组织的职能

一般说来,处于旅游业发展起步阶段的国家,或旅游业发展水平较低的国家,作为政府部门存在的旅游行政组织对国家旅游事务的干预力度较大,对其旅游业的发展起决定性作用;而在旅游业比较发达、私人旅游企业非常活跃的国家和地区,具有独立法人地位的半自决权性质的旅游行业组织更适合于行使全国性旅游组织职能。

旅游行业组织的主导职能是服务与促进,这些职能主要有:(1)就旅游发展战略及方针政策等向国家旅游主管部门提供建议和咨询;(2)作为行业代表,与政府机构或其他行业组织协商洽谈有关事宜;(3)联系各旅游企业,研究行业经营管理,协调发展中存在的问题,并且采取相应措施加以解决;(4)建立行业信息交流中心,鼓励采用新知识、新技术,搞好行业内旅游开发和市场营销;(5)提供行业间的技术指导,制订成员共同遵守的经营标准、行规会约,并据此进行仲裁与调解;(6)就行业内的数据统计、预测、开发及其他问题开展研讨;(7)组织并进行专业研讨会、培训班,提供专业咨询;(8)广泛交流信息与经验,阻止行业内部的不合理竞争等。

(三)各国旅游组织存在差异的原因

世界各地的旅游组织行政管理机构除了在组织形式上不尽相同之外,在所拥有的权力和地位等方面也有很大的差别。造成这些差别的原因是多种多样的,人们通常从以下三个方面进行综合分析:

1. 各国的政治经济制度

在政治上实行中央集权、经济上实行计划经济的国家中,旅游业中的私营部分很少,主要旅游企业多为国家所有。在实行资本主义政治制度和自由市场经济的国家中,旅游业中的私营部分十分强大,旅游业的经营主要靠民间力量。这意味着在实行中央集权的社会主义国家和发展中国家中,旅游业的发展通常需要政府较大程度的直接干预,其国家旅游组织往往由政府直接设立,并将其作为政府部门编制。

2. 旅游业在国民经济中的地位

在有些发达国家中,例如法国、意大利和西班牙等,国家旅游组织不仅由该国政府直接设立,而且在编制上也是国家政府机构,很大程度上是因为旅游业在这些国家的经济中占据了非常重要的地位,其目的在于强化政府对旅游业的控制和管理。

3. 旅游业的发展水平

旅游业发展历史较短的发展中国家,其旅游组织不仅设为政府部门,而且拥有的权力较大。主要反映在,国家旅游组织不仅是该国旅游政策的监督执行者,而且很大程度上也是该国旅游政策的制定者,并有权解释本国发展旅游业的大政方针。

旅游业的发展不仅成熟而且发达的国家,其旅游组织不是由政府直接设立,而是由具有半官方地位的法定组织甚至民间旅游行业担当,它们无权制定该国发旅游的大政方针。一般情况下由该国政府部门就发展旅游的重大方针做出决策后,授权这类机构组织制定具体的政策条例,并负责组织和管理这类政策条例的实施。

总之,世界各国对于国家旅游组织的设置形式并无统一的模式,一个国家的国家旅游组织的设置形式及其权力地位依据具体国情而定。

(四)国家旅游组织

1. 国家旅游组织的定义

按照世界旅游组织(UNWTO)所作的解释,国家旅游组织是指一个国家中为国家政府所承认,负责管理全国旅游事务的组织(NTO 或 NTA)。

2. NTO 设立的形式

世界各国的国家旅游组织未必都是该国的政府部门。综观世界各国的情况,各国国家旅游组织的设立形式、地位高低和权力大小都是依据本国的国情来决定的。大致可划分为三类:

(1)由国家政府直接设立,并且在编制上作为国家政府的一个部门或机构。以这类形式设立的国家旅游组织在不同国家中又可分为以下几种情况:①设为一个完整而独立的旅游部或相当于部的旅游局。例如菲律宾、墨西哥、埃及、泰国等国家中的最高旅游行政管理机构都属这种形式。②设为一个混合部,即与其他部门合并为一个部。例如法国为工业、邮电与旅游部,意大利为旅游与娱乐部,葡萄牙为商业与旅游部,斯里兰卡为旅游与民航部,等等。③设为某一部的下辖机构。例如美国在商业部下设旅游管理局,加拿大在工商贸易部下设旅游管理局,日本在运输省下设国际观光局,韩国在交通部下设旅游管理局,匈牙利在商业部下设旅游局等。

(2)经国家政府承认,代表国家政府执行全国性旅游行政事务的半官方组织。这种形式的旅游行政管理机构常见于欧洲的一些国家。在这些国家中,有关国家旅游发展的重大决策虽然划归国家政府中的某个部负责,但该部并不承担具体的旅游行政管理事务。因此,在这些国家的政府部门之外,另设某一组织执行全国性的旅游行政管理工作。换言之,这一组织在编制上并非属于政府机构,其工作人员也不属政府雇员,但是该组织的主要负责人需由国家政府中分管旅游的部任命,并且该组织的部分经费由国家政府拨款。例如英国、爱尔兰、瑞典、挪威、丹麦和芬兰等国的国家级旅游局都属这种法定组织。

(3)经国家政府承认,代表国家政府行使旅游行政管理职能的民间组织。这种民间组织多为影响力较大的、由民间自发组成的全国性旅游协会。政府同意其代行旅游行政管理职权后,通常会向其提供一定的财政拨款,但是该组织的领导成员并非由政府指定,而是由该组织的会员自己选举产生。例如德国和新加坡的国家旅游组织都是由这种民间组织兼任。

(五)与我国有关的主要国际旅游组织

国际旅游组织的概念有狭义和广义之分。狭义的国际旅游组织指成员来自多个国家并为多国利益工作和服务的全面性国际旅游组织。广义的国际旅游组织还包括那些工作范围部分涉及国际旅游事务的国际组织。

1. 世界旅游组织(UNWTO)

世界旅游组织是目前世界上唯一全面涉及国际旅游事务的全球性政府间国际组织,它的前身是国际官方旅游联盟,2003年11月成为联合国的专门机构,总部设在西班牙首都马德里。世界旅游组织的成员一般分为正式成员(Member States)、联系成员(Associate Members)和附属成员(Affiliate Members)三类。截至2005年,世界旅游组织共有150个正式成员,7个联系成员和350多个附属成员。

世界旅游组织的宗旨是把发展旅游业作为促进经济发展、推动国际贸易、增进世界和平的重要手段。其机构主要由全体大会、执行委员会、地区委员会和秘书处四个部分所组成。全体大会是世界旅游组织的最高权力机构,审议该组织重大问题。该组织的工作总纲主要有五个方面:(1)推进旅游发展与合作;(2)进行旅游统计和市场调研;(3)倡导优质和可持续的旅游发展;(4)加强旅游人力资源的开发;(5)提供和传播旅游信息和数据。

目前,世界旅游组织每年都出版许多著作和刊物,提供给所有成员。这些著作和刊物概括起来可以分为三大类:(1)各种定期的旅游统计资料及刊物,主要有《旅游统计年鉴》《旅游统计概要》《旅游业动态》《世界旅游组织要闻》等;(2)各种有关旅游业全球性和地区性的专题研究和技术报告,其内容涉及世界旅游组织的政策、旅游市场趋势、旅游教育培训和旅游安全质量等方面;(3)各种会议及研讨会的信息资料,一般每年大约要出版20~30种。世界旅游组织不仅拥有大量的、权威性的文献数据,而且正在努力通过旅游信息网络和国际互联网成为世界旅游信息资料的交流中心。

1983年10月中国加入世界旅游组织,成为它的第106个正式会员。1987年9月的世界旅游组织第7次全体大会上,中国首次当选为世界旅游组织执行委员会委员,并同时当选为统计与分析委员会委员和亚太地区委员会副主席;1991年,中国再次当选为世界旅游组织执行委员会委员。1995年世界旅游组织第11次全体大会上,中国当选为亚太地区委员会主席。2003年10月,世界旅游组织第15次全体大会在我国首都北京召开,国务院总理温家宝、国务院副总理吴仪出席了会议开幕式。

2. 太平洋亚洲旅游协会(PATA)

原名太平洋地区旅行协会,是一个民间性、行业性、地区性的、非政府间的国际旅游组织,1951年成立于美国的夏威夷檀香山,1986年在马来西亚吉隆坡召开的年会上决定改用现名,现总部在美国旧金山。在我国,人们通常将太平洋亚洲旅游协会简称为亚太旅游协会。

太平洋亚洲旅游协会的宗旨及工作总纲是发展、促进和便利世界其他地区的游客前来太平洋地区各国旅游以及本地区各国居民在本地区内各旅游目的地旅游。

该协会下设三个委员会:(1)管理委员会,负责管理协会的日常工作并向董事会作出建议;(2)市场委员会,每月举行例会一次,负责讨论业经批准执行的计划,并制订出新的计划供协会大会审查批准;(3)行政委员会,主要任务是监督太平洋旅游协会总部内的行政事务。另外,该协会出版专业性月刊《太平洋旅行信息》。

目前,该协会除在美国旧金山设有秘书处外,还分别在新加坡、悉尼、摩纳哥和旧金山设有亚洲、太平洋、欧洲和美洲分部办事机构。另外,遍布世界各地的79个PATA分会还拥有17 000多名分会成员。该协会是同我国关系比较密切的区域民间国际旅游组织,我国于1993年3月正式加入该协会并成为其正式官方会员。

太平洋亚洲旅游协会成员广泛,包括亚洲和太平洋沿岸地区及其相邻区域如欧洲各重要客源国和地区、接待国和地区在内的政府机构、航海、航空和陆上运输公司、旅游批发商、代理商和零售商、出版商、旅馆、广告公司和一些公共关系机构,还包括对太平洋地区感兴趣的各旅游协会。该协会每年召开一次全体会员大会,对市场活动及其他有关计划作出决定。除此之外,全协会性的大型活动还有太平洋旅游博览会,它为会员提供了旅游产品工序的谈判场所和各种商机,因此受到亚太地区旅游界的普遍重视。

3. 世界旅行社协会联合会(UFTAA)

世界旅行社协会联盟于1966年11月在罗马成立。该联盟是由欧洲旅行社(1919年成立)和美洲旅行社(1964年成立)合并而成,为最大的民间国际旅游组织,总部设在比利时布鲁塞尔。

世界旅行社协会联盟的宗旨及工作总纲主要有四个方面:(1)团结和加强全国性旅行社协会和组织,协助解决会员间在专业问题上可能发生的纠纷;(2)在国际上代表旅游行业同与旅游业有关的各种组织和企业建立联系,进行合作;(3)确保旅行社业务在经济、法律和社会领域内最大限度地得到协调、赢得信誉、受到保护和得到发展;(4)向会员提供所必要的物质上、业务上、技术上的指导和帮助,使其在世界旅游业中占有适当的地位。

1995年8月中国旅行社协会正式加入该组织。

4. 国际饭店协会(IHA)

国际饭店协会是在1869年成立的国际饭店工作人员协会和1921年成立的国

际饭店联合会合并的基础上于1946年3月在伦敦成立的。该协会在联合国经济和社会理事会、国际劳工组织中有咨询地位,是世界旅游组织的附属会员。

国际饭店协会的宗旨及工作总纲是:(1)联络各国饭店业协会,推动饭店行业人员的接触;(2)研究国际饭店业和国际旅游者交往的有关问题,促进会员间的交流和技术合作;(3)协调饭店业和有关行业的关系,维护本行业的利益。

该协会的会员分为正式会员和联系会员。正式会员是世界各国的全国性的饭店协会或类似组织,联系会员是各国饭店业的其他组织、旅游院校、国际饭店集团、旅馆、饭店和个人。该协会现有正式会员80多个,联系会员4000多个。中国旅游饭店协会于1994年3月加入该协会,成为该组织的正式成员。

5. 国际航空运输协会(IATA)

国际航空运输协会从组织形式上是一个航空企业的行业联盟,属非官方性质组织,其前身是1919年在海牙成立并在二战时解体的国际航空业务协会。1945年4月16日在哈瓦那会议上修改并通过了草案章程后,国际航空运输协会成立,总部设在加拿大的蒙特利尔,执行机构设在日内瓦。

该协会的宗旨和工作总纲是:(1)为了世界人民的利益,促进安全、正常和经济的航空运输,扶植航空交通,并研究与此有关的问题;(2)对于直接或间接从事国际航空运输工作的各空运企业提供合作的途径;(3)与国际民航组织及其他国际组织协力合作。

国际航空运输协会的组织机构下设全体会议、执行委员会和专门委员会:(1)全体会议是国际航空运输协会的最高权力机构,每年举行一次会议,经执行委员会召集,也可随时召开特别会议;(2)执行委员会是全会的代表机构,对外全权代表国际航空运输协会;(3)专门委员会:国际航空运输协会分为运输、财务、法律和技术委员会,各委员会由专家、区域代表及其他人员组成并报执委会和大会批准。

国际航空运输协会总部设在加拿大蒙特利尔,但主要机构还设在日内瓦、伦敦和新加坡。国际航空运输协会还在安曼、雅典、曼谷、达卡、香港、雅加达、吉达、吉隆坡、迈阿密、内罗毕、纽约、波多黎各、里约热内卢、圣地亚哥、华沙和华盛顿设有地区办事处。

凡国际民航组织成员国的任一经营定期航班的空运企业,经其政府许可都可成为该协会的会员。经营国际航班的航空运输企业为正式会员,只经营国内航班的航空运输企业为准会员。1993年8月,中国国际航空公司、中国东方航空公司和中国南方航空公司正式加入该协会。1995年7月21日,中国国际旅行总社加入该组织,成为该协会在中国(不含港、澳、台地区)的售价代理人会员。1997年3月3日,中国西南航空公司正式成为该协会的多边联运协议成员。

6. 国际民用航空组织(ICAO)

成立于1944年的国际民航组织是联合国系统中负责处理国际民航事务的专门机构,总部设在加拿大蒙特利尔。其主要活动是研究国际民用航空的问题,制定民用航空的国际标准和规章,鼓励使用安全措施、统一业务规章和简化国际边界手续。

国际民航组织的宗旨和工作总纲在于:(1)发展国际航行的原则和技术,促进国际航空运输的规划和发展,保证全世界国际民用航空安全地和有秩序地发展;(2)鼓励为和平用途的航空器的设计和操作技术;(3)鼓励发展国际民用航空应用的航路、机场和航行设施;(4)满足世界人民对安全、正常、有效和经济的航空运输的需要;(5)防止因不合理的竞争而造成经济上的浪费;(6)保证缔约各国的权利充分受到尊重,每一缔约国均有经营国际空运企业的公平的机会;(7)避免缔约各国之间的差别待遇;(8)促进国际航行的飞行安全;(9)普遍促进国际民用航空在各方面的发展。

国际民航组织由大会、理事会和秘书处三级框架组成。大会是国际民航组织的最高权力机构。大会一般情况下每三年举行一次,遇有特别情况时可以召开特别会议。大会期间的工作为选举理事国,审查理事会各项报告,表决年度预算,决定财务安排以及审议提交大会的各项提案等。

各国通过批准和加入《芝加哥公约》获得国际民航组织成员资格。截至2013年9月,国际民航组织共有189个成员国。我国于1974年2月正式加入该组织,在同年的大会上被选为理事,并在蒙特利尔设有常驻该组织理事会的中国代表处。

7. 国际旅游科学专家协会(AIEST)

国际旅游科学专家协会于1951年5月31日在罗马成立,会址在瑞士的伯尔尼,是世界旅游组织的附属成员。

国际旅游科学专家协会的宗旨及工作总纲:(1)开展旅游科学研究,加强成员间的友好联系,鼓励成员间的学术活动,特别是促进个人接触,交流经验;(2)支持具有学术性质的旅游研究机构以及其他有关旅游研究与教育组织的活动。

国际旅游科学专家协会为国际上致力于旅游研究和旅游教学的专家组成的学术团体,在45个国家有330多名会员,它的最高权力机构为大会,每年举行一次,并设有委员会秘书处。

8. 世界旅游城市联合会(WTCF)

世界旅游城市联合会是世界上第一个以城市为主体的国际性旅游组织,是由世界主要旅游城市与相关旅游机构自愿组成的非营利性的国际非政府组织,也是第一个总部落户中国、落户北京的国际性旅游组织。

2012年4月19日由北京、柏林、洛杉矶、迪拜、莫斯科、渥太华等37个著名旅游城市共同发起成立世界旅游城市联合会。2012年9月15日,世界旅游城市联合会在北京召开成立大会,会上正式发布了《北京宣言》。

世界旅游城市联合会的宗旨和工作总纲:(1)致力于推动会员城市间的交流合作,共享旅游业发展经验;(2)探讨城市旅游发展问题,加强旅游市场合作开发,提升旅游业发展水平;(3)促进世界旅游城市经济社会协调发展,成为世界旅游城市互利共赢合作发展平台。

首批加入世界旅游城市联合会的城市会员与非城市会员共有58个,包括24个国外城市会员、23个国内城市会员、11个非城市会员,英国伦敦市作为观察员城市参与了大会相关活动。

(六)我国的旅游组织

我国国务院在1985年批转的国家旅游局《关于当前旅游体制改革几个问题的报告》中提出:"国家旅游局作为国务院的职能部门,要面向全行业,统管全国旅游事业。各省、自治区、直辖市可根据国际、国内旅游发展的需要设置旅游局,统管本地区的旅游工作。"我国旅游业发展至今,在旅游组织上大致可以分为三大类型,即旅游行政组织、旅游行业组织和旅游教育与学术组织。

1. 旅游行政组织

(1)国家旅游局。中华人民共和国国家旅游局(简称"国家旅游局"),是国务院主管旅游工作的直属机构。内设办公室、综合协调司、政策法规司、旅游促进与国际合作司、规划财务司、全国红色旅游工作协调小组办公室、监督管理司、港澳台旅游事务司、人事司、机关党委、离退休干部办公室等11个机构。其主要职能主要有以下八项:

第一,统筹协调旅游业发展,制定发展政策、规划和标准,起草相关法律法规草案和规章并监督实施,指导地方旅游工作。

第二,制定国内旅游、入境旅游和出境旅游的市场开发战略并组织实施,组织国家旅游整体形象的对外宣传和重大推广活动。指导我国驻外旅游办事机构的工作。

第三,组织旅游资源的普查、规划、开发和相关保护工作。指导重点旅游区域、旅游目的地和旅游线路的规划开发,引导休闲度假。监测旅游经济运行,负责旅游统计及行业信息发布。协调和指导假日旅游和红色旅游工作。

第四,承担规范旅游市场秩序、监督管理服务质量、维护旅游消费者和经营者合法权益的责任。规范旅游企业和从业人员的经营和服务行为。组织拟订旅游区、旅游设施、旅游服务、旅游产品等方面的标准并组织实施。负责旅游安全的综合协调和监督管理,指导应急救援工作。指导旅游行业精神文明建设和诚信体系建设,指导行业组织的业务工作。

第五,推动旅游国际交流与合作,承担与国际旅游组织合作的相关事务。制定出国旅游和边境旅游政策并组织实施。依法审批外国在我国境内设立的旅游机构,审查外商投资旅行社市场准入资格,依法审批经营国际旅游业务的旅行社,审批出国(境)旅游、边境旅游。承担特种旅游的相关工作。

第六,会同有关部门制定赴港澳台旅游政策并组织实施,指导对港澳台旅游市场推广工作。按规定承担大陆居民赴港澳台旅游的有关事务,依法审批港澳台在内地设立的旅游机构,审查港澳台投资旅行社市场准入资格。

第七,制订并组织实施旅游人才规划,指导旅游培训工作。会同有关部门制定旅游从业人员的职业资格标准和等级标准并指导实施。

第八,承办国务院交办的其他事项。

(2)省、自治区和直辖市的旅游局。我国各省、自治区和直辖市均设有旅游局或旅游管理委员会,它们分别主管其所在省、自治区和直辖市的旅游行政工作。这些旅游行政机构在组织上属地方政府部门编制,在业务上接受地方政府领导和国家旅游局的指导。其主要职能包括:贯彻执行国家和省有关旅游工作的方针政策和法律法规,起草有关地方性法规、规章草案和政策并监督实施;研究和推进旅游综合改革,引导休闲度假,协调和推动国民旅游休闲计划实施;协调管理旅游服务质量和市场秩序,组织实施旅游区、旅游设施、旅游服务、旅游产品等方面的标准工作,依法负责有关旅游业务的审核、审批工作和出入境旅游管理工作;指导旅游行业精神文明建设和诚信体系建设,指导行业组织的业务工作;制订并组织实施旅游人才规划,指导旅游教育培训工作,会同有关部门指导实施旅游从业人员的职业资格标准和等级标准工作等。尽管这一层的旅游管理机构同国家旅游局之间在组织上不存在直接的隶属关系,但为了便于接受国家旅游局的业务指导,在组织结构方面基本上采取了同国家旅游局各主要业务对口的做法。

(3)县级以下的地方旅游行政管理机构。我国县级以下的地方旅游行政管理机构由于各地受旅游资源情况不同、发展程度不同等因素的影响,导致地方旅游管理机构设置的不同。从系统归属上看,各地县级以下的旅游行政管理机构有的归属建设系统,有的归属文化系统,有的归属经济系统,有的与宗教局合并,归属统战系统等。有的地方是单独的旅游局,有的是与其他部门合并,两个牌子一班人马,有的作为相关局的一个科室。随着我国经济的发展和社会的进步,现绝大多数县级以下的地方旅游行政管理机构已独立成为一个管理系统,负责其行政区域范围内的旅游业的管理工作。在未设立专职旅游行政机构的市县,有关旅游业开发与管理方面的事务则在其上级政府旅游行政部门的指导下,由当地政府配合承担。

2. 旅游行业组织

我国的旅游行业组织是由有关社团组织和企事业单位在平等自愿的基础上组织成立的各种行业协会。就其组织性质而言,均属于非营利性的社会。其中,中国旅游协会(CTA)是一个带有我国旅游行业总会性质的综合性组织,目前,该组织的组织机构如图5-1所示。

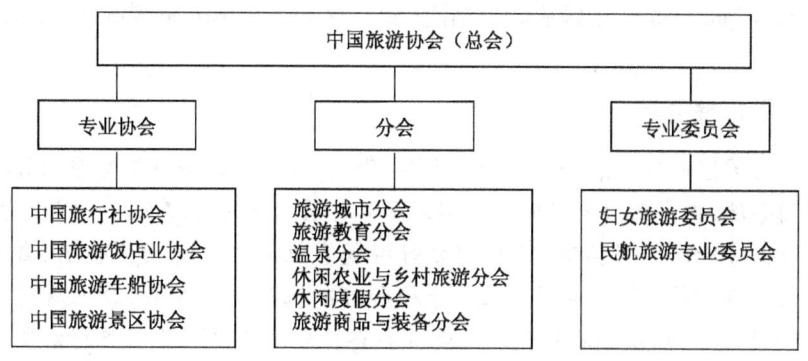

图5-1 中国旅游协会组织机构

我国旅游行业组织的宗旨和工作总纲是:(1)遵照国家的宪法、法律、法规和有关政策,代表和维护全行业的共同利益和会员的合法权益,开展活动,为会员服务,为行业服务,为政府服务;(2)在政府和会员之间发挥桥梁纽带作用,促进我国旅游业的持续、快速、健康发展。

截至2015年年初,中国旅游协会现有理事238名,各省、自治区、直辖市和计划单列市、重点旅游城市的旅游管理部门、全国性旅游专业协会、大型旅游企业集团、旅游景区(点)、旅游院校、旅游科研与新闻出版单位以及与旅游业紧密相关的行业社团都推选了理事。协会的组成具有广泛代表性。

中国旅游协会成立以来,根据章程规定的任务,积极开展了有关旅游体制改革、加强旅游行业管理、提高旅游经济效益和服务质量等方面的调研工作;支持地方建立了旅游行业组织,提供咨询服务;与一些国家和地区的旅游行业机构建立了友好关系,同时还先后加入了世界旅行社协会联合会(UFTAA)及其所属亚太地区联盟(UAPA)、美国旅行商协会(ASTA),发展与国际民间旅游组织的联系与合作,扩大了对外影响;编辑出版了不少旅游书刊,适应国内外旅游者之需。

3. 旅游教育与学术组织

国家教育部、国家旅游局等职能部门非常重视旅游教育和旅游学术发展的工作,国家旅游局还把旅游学术的基础理论列为重点任务之一。但旅游教育与学术所涉及的范畴很广,目前我国的旅游教育与学术组织相对较少。实体旅游教育与学术组织有高等旅游院校协作会、中国旅游未来学会、中国旅游文化学会、中国旅游文学研究会和中国旅游报刊协会等。基于互联网技术的组织主要有中国旅游网(国家旅游局主办,http://www.cnta.com)、世界旅游网(世界旅游协会主办,http://www.worldtravelno1.com)、旅游研究空间站(北大旅游学院网站,http://www.

lixinjian.com)、中国旅游人才网（http：//www.tourjob.net）、中国酒店人才网（http：//www.triphr.com）、中国旅游营销网（http：//www.aatrip.com/index.htm）等。

视野拓展

我国的国家旅游局最早的前身是1964年成立的"中国旅行游览事业管理局"，虽直属国务院，但事实上与当时的中国国际旅行总社是同一班人马。1978年3月，党中央和国务院同意将其改为"中国旅行游览事业总局"，并同意各省、自治区和直辖市成立旅游局。1982年初，旅游总局和国际旅行总社分开，分别履行自己的职责。1982年8月，全国人民代表大会常务委员会决定，将"中国旅行游览事业总局"更名为"中华人民共和国国家旅游局"。

中国旅游协会是全国综合性旅游行业协会，它是1986年1月30日经国务院批准正式宣布成立的第一个旅游全行业组织，1999年3月24日经民政部核准重新登记。协会接受国家旅游局的领导、民政部的业务指导和监督管理。

特别提示

其他国际性旅游组织还有：国际旅游联盟（AIT）；非洲旅游协会（ATTA）；拉美旅游组织联盟（COTAC）；欧洲旅游委员会（ETC）；欧洲运输部长会议（ECMT）、国际旅游学会（IAT）；国际大会及会议协会（ICCA）；世界旅行社协会（WATA）；世界旅游业理事会（WTTC）、国际汽车联合会（IAF）、美洲饭店及汽车旅馆协会（AH&MA）等。

任务评价

任务评价表

序号	任务内容	任务要求	自我评价	待改进方向	备注
1	政府对旅游发展的干预	掌握政府对旅游发展的干预手段			
2	国际旅游组织	掌握主要国际旅游组织的职能			

续表

序号	任务内容	任务要求	自我评价	待改进方向	备注
3	我国旅游组织	掌握我国主要旅游组织的职能			

任务三　掌握我国旅游发展趋势

任务描述

本任务要求学生主要通过课前资料收集、课上阅读理解、课后复习以及案例解读等方式，熟悉和掌握我国发展旅游业的方针、政策及旅游发展趋势，达到掌握相关旅游知识的目的。

情境导入

2014年4月"2014世界旅游旅行大会"在海南三亚举行。24日下午的会上，中国国家旅游局局长表示，中国旅游业正以前所未有的开放姿态走向世界，近期中国将与中东欧旅游促进机构和旅游企业建立联合会，中国旅游业入世承诺已全部兑现，在若干领域还采取了一系列主动开放的措施。2014年是中国智慧旅游年，中国愿与各国合作推动全球旅游的智慧化、信息化、便利化。对于正在快速上升的中国在全球旅游业中的竞争力和领导力，多位与会嘉宾表示出了极大的信心。

（资料来源：阳光海南网）

相关知识

一、我国旅游法规与政策

旅游业在我国是一个新兴的产业部门，旅游专门立法工作起步较晚。为规范旅游经营者的经营活动，保护旅游者的合法权益，使旅游业健康稳定地发展，我国根据具体需要颁布了相应的旅游法规与政策。通常，可将我国旅游法规与政策分为六大类，即：旅游法律、国务院旅游行政法规、国家旅游局部门规章、国家旅游局规范性文件、国家旅游局国家标准/行业标准以及地方性旅游法规与政策文件。

(一) 旅游法律

《中华人民共和国旅游法》

20世纪50年代末60年代初,"旅游法"的概念出现了。美国、日本、韩国、墨西哥等国,根据本国的具体情况,相继制定了专门用于调整旅游活动领域中各种社会关系的法律、法规,例如美国的《全国旅游政策法》,日本的《旅游基本法》《旅游组织法》《导游基本法》和《航空法》,墨西哥的《旅游法》,泰国的《旅游法》等,都是具有旅游"宪法"地位的基本法。同时,世界一些国家和旅游组织还签订了一批国际旅游公约、条约和协定,使旅游立法工作日趋完善。

《中华人民共和国旅游法》是我国改革开放初期就启动的一个立法项目,曾列入七届全国人大常委会立法规划和国务院立法计划,但由于当时我国旅游业还处于起步阶段,有关方面对立法涉及的一些重要问题认识不尽一致,这部法律草案当时未能提请审议。

1982年国家旅游局曾着手起草旅游法,1988年七届全国人大常委会将旅游法列入立法规划,1991年国务院有关部门起草出旅游法草案。八届全国人大以来,社会上要求制定旅游法的呼声进一步提高。十一届全国人大财政经济委员会成立后,于2009年12月牵头组织国家发展改革委、国家旅游局等23个部门和有关专家成立旅游法起草组。2012年年底,十一届全国人大常委会第三十次会议对旅游法草案进行了第二次审议。草案二审稿充分吸收了初审中常委会组成人员的意见以及社会各方面的建议,进一步完善了公益性文化场馆开放、旅游资源保护、游客合法权益维护等方面的内容。2013年4月25日下午,十二届全国人大常委会第二次会议表决通过了《中华人民共和国旅游法》,中华人民共和国主席令第3号公布,自2013年10月1日起施行。

《中华人民共和国旅游法》分总则、旅游者、旅游规划和促进、旅游经营、旅游服务合同、旅游安全、旅游监督管理、旅游纠纷处理、法律责任、附则共10章112条。《中华人民共和国旅游法》针对旅游发展中的部门、行业和地区分割现状,按照市场经济和法制政府的要求,明确界定了政府公共服务和监督、行业组织自律、企业依法自主经营和旅游者守法的法律规范,既平衡了旅游者和经营者的责权利关系,又形成了"四位一体"市场规制的全方位格局,较好地解决了市场规则缺位问题。

《中华人民共和国旅游法》的主要作用是明确规定了各主体的权利、义务和责任,为旅游业的发展创造了良好的法律环境,保证了旅游业的正常有序的发展,维护了旅游者的合法权益。《中华人民共和国旅游法》首次规定,旅游者在旅游活动中或者在解决纠纷时,"不得损害旅游经营者和旅游从业人员的合法权益"。该规定赋予了旅游者依法享有遇险求助权、自助选择权、知情权、拒绝强制交易权等权利,同时,也规定了旅游者在维权的同时,不能干扰他人正常的旅游活动、不得损害当地居民、旅游经营者及旅游从业人员合法的权益。此举平衡了旅游者和经营者的权利和义务,能有效引导旅游者理性维权,营造公平、和谐的旅游维权环境。

《中华人民共和国旅游法》对旅游相关内容都做了明确规定,全面、科学、指导性强,对促进我国旅游业全面协调可持续发展意义重大。它体现了三大特色:综合法、人本法(以保障旅游者合法权益为主线)、衔接法(充分与现行法律和国际通行做法衔接)。因此,从这个意义上来说,《中华人民共和国旅游法》将成为我国旅游业发展史上的一个重要里程碑。

另外,旅游业是扩大内需的龙头产业,《中华人民共和国旅游法》的出台将进一步促进扩大内需和地方经济的发展。全国27个省市自治区,国家的30多个国家区域规划战略,都对旅游业有重要定位。例如,广东省定位为幸福导向型的产业、福建省泰宁县定位为生命产业。

总之,2013年《中华人民共和国旅游法》的出台和实施,标志着中国旅游业法制化建设实现了根本性的突破,进入了依法治旅、依法兴旅的新阶段。

(二)国务院旅游行政法规

1.《导游人员管理条例》

《导游人员管理条例》,1999年5月14日国务院第263号令发布,自1999年10月1日起施行。该条例共分27条,从导游人员界定、导游人员资格考试制度、导游人员的计分与年审制度、导游证注销的规定、导游活动质量保证金制度和导游人员违反规定的处罚措施等方面详细规定了导游人员从业期间的法律事项。

该条例的出台规范了导游人员的行为,大大增加了对导游人员管理的可操作性,较好地完善了导游管理制度,对制止导游行业的不正之风,具有积极引导作用。

2.《中国公民出国旅游管理办法》

为了规范旅行社组织中国公民出国旅游活动,保障出国旅游者和出国旅游经营者的合法权益,制定该办法,共33条,2001年12月12日公布。该办法自2002年7月1日起施行。国务院1997年3月17日批准,国家旅游局、公安部1997年7月1日发布的《中国公民自费出国旅游管理暂行办法》同时废止。

3.《旅行社管理条例》

2009年5月1日《旅行社条例》(以下简称《条例》)开始施行,是我国旅游立法工作的重大成果,有利于加强对旅行社的管理,保障旅游者和旅行社的合法权益,维护旅游市场秩序,促进旅游业的健康发展。

《条例》对旅行社的经营行为作了严格规范,其中重点内容有:

一是规定旅行社不得作虚假宣传,不得以低于旅游成本的报价招徕旅游者。未经旅游者同意,不得在旅游合同约定之外提供其他有偿服务。

二是规定旅行社必须与旅游者签订旅游合同,并在旅游合同中明确旅行社统一安排游览项目的具体内容及时间、旅游者应当交纳的旅游费用、需要旅游者另付的游览项目及价格、违反合同约定的责任等内容,同时规定旅行社应当对旅游合同的具体内容作出真实、准确、完整的说明。

三是规定旅行社应当与其聘用的导游人员、领队人员签订劳动合同,并支付不得低于当地最低工资标准的报酬。

四是规定旅行社委派的导游人员和领队人员不得拒绝履行旅游合同约定的义务,不得欺骗、胁迫旅游者购物或参加需另行付费的游览项目等。

五是规定旅行社不得要求导游人员和领队人员接待不支付接待和服务费用或支付的费用低于接待和服务成本的旅游团队;旅行社进行业务委托应当支付不低于接待服务成本的费用,接受委托的旅行社不得接待不支付或不足额支付接待和服务费用的旅游团队。

六是规定旅行社不得受让或租借旅行社业务经营许可证,等等。

《条例》体现了鼓励改革创新与科学发展相结合的原则,对旅行社经营行为作了全面规范,鼓励旅行社改革现有经营发展模式,提高企业竞争力,实现科学发展。

4. 国民旅游休闲纲要(2013—2020年)

为满足人民群众日益增长的旅游休闲需求,促进旅游休闲产业健康发展,推进具有中国特色的国民旅游休闲体系建设,根据《国务院关于加快发展旅游业的意见》(国发〔2009〕41号),国务院办公厅于2013年2月2日颁布了该纲要。

《国民旅游休闲纲要(2013—2020年)》以坚持以人为本、服务民生、安全第一、绿色消费,大力推广健康、文明、环保的旅游休闲理念等为指导思想,旨在积极创造开展旅游休闲活动的便利条件,不断促进国民旅游休闲的规模扩大和品质提升,促进社会和谐,提高国民生活质量。

《国民旅游休闲纲要(2013—2020年)》的主要任务和措施:(1)保障国民旅游休闲时间;(2)改善国民旅游休闲环境;(3)推进国民旅游休闲基础设施建设;(4)加强国民旅游休闲产品开发与活动组织;(5)完善国民旅游休闲公共服务;(6)提升国民旅游休闲服务质量。

(三)国家旅游局部门规章

国家旅游局部门规章是对旅游法、旅游行政法规的补充,以国家旅游局令的形式公布,是具有普遍约束力的规定、办法和实施细则,在旅游业发展过程中起到了进一步规范旅游行为的作用,现行规章如表5-2所示。

表 5-2　国家旅游局部门规章

年份	文件名	发布日期
1998	旅游统计管理办法	1998-05-15
2000	旅游发展规划管理办法	2000-10-26
2001	导游人员管理实施办法	2001-12-26
2001	国家旅游局第一批部门规章和规范性文件清理结果目录	2001-12-31
2002	出境旅游领队人员管理办法	2002-10-28
2005	修订《导游人员管理实施办法》的决定	2005-06-03
2005	导游人员等级考核评定管理办法（试行）	2005-06-03
2005	旅游景区质量等级评定管理办法	2005-07-06
2005	旅游规划设计单位资质等级认定管理办法	2005-07-05
2006	大陆居民赴台湾地区旅游管理办法	2006-04-16
2006	国家旅游局行政许可实施暂行办法	2006-11-07
2008	国家旅游局关于废止部分规章的决定	2008-06-16
2008	香港和澳门服务提供者在广东省设立旅行社申请审批办法	2008-12-25
2009	旅行社条例实施细则	2009-04-03
2009	关于废止《设立外商控股、外商独资旅行社暂行规定》等规章的决定	2009-10-11
2010	旅游投诉处理办法	2010-05-19
2010	中外合资经营旅行社试点经营出境旅游业务监管暂行办法	2010-08-29
2010	国家旅游局关于废止《旅游企业法定代表人离任经济责任审计规定》的决定	2010-11-30
2010	国家旅游局关于规章及规范性文件清理结果的公告	2010-12-01
2010	旅行社责任保险管理办法	2010-11-25
2010	边境旅游暂行管理办法	2010-12-15
2011	国家旅游局规章和规范性文件制定程序规定	2011-04-08
2011	关于修改《大陆居民赴台湾地区旅游管理办法》的决定	2011-06-20
2011	大陆居民赴台湾地区旅游管理办法（2011年修订）	2011-06-20
2013	旅游行政处罚办法	2013-05-12

（四）国家旅游局规范性文件

一般是指法律范畴以外的其他具有约束力的非立法性文件。此处的规范性文件,是指国家旅游局为执行法律、法规和规章,对旅游业实施管理,依法定权限和法定程序发布的规范公民、旅游企业法人和旅游组织行为的具有普遍约束力的政令。主要文件如表 5-3 所示。

表 5-3 国家旅游局规范性文件

年份	文件名	发布日期
1998	外国政府旅游部门在中国设立常驻代表机构管理暂行办法	1998-06-30
2002	关于试行新版导游证的通知	2002-03-18
	关于实行导游人员计分管理有关问题的通知	2002-03-18
	关于旅行社组织内地居民赴香港澳门旅游有关问题的通知	2002-09-19
2005	关于下发《关于禁止出境旅游团队参与境外赌博活动的规定》的通知	2005-06-01
2006	关于印发《关于进一步加强全国导游队伍建设的若干意见》的通知	2006-12-13
2007	关于印发《旅游资源保护暂行办法》的通知	2007-09-04
2008	关于加强旅游行业节能工作的通知	2008-08-26
	关于香港、澳门永久性居民中的中国公民报考全国导游人员资格考试有关事项的通知	2008-11-29
2009	关于取消导游 IC 卡工本费收费的通知	2009-02-10
	关于贯彻实施《旅行社条例》和《旅行社条例实施细则》有关事项的通知	2009-05-04
	关于"一程多站"旅游产品有关问题的通知	2009-05-31
	关于旅行社及其分社、服务网点名称和备案管理等事项的通知	2009-06-22
	关于实施《旅行社条例》和《旅行社条例实施细则》有关问题的通知	2009-07-10
	关于旅行社设立分社增存质量保证金数额的批复	2009-08-26
	关于印发《全国旅游标准化工作管理办法》的通知	2009-09-09
	关于旅行社设立服务网点区域范围的复函	2009-10-29
2010	关于出境旅游领队证管理有关事项的通知	2010-01-08
	关于旅行社设立分社有关事宜的通知	2010-04-26

续表

年份	文件名	发布日期
2010	关于启用出境旅游组团社签证专办员互联网审批管理系统及更换签证专办员卡的通知	2010-05-14
	关于印发《国家旅游局贯彻落实<政府信息公开条例>的实施办法》的通知	2010-07-01
	关于印发《国家旅游局信访工作实施细则》的通知	2010-07-02
2013	国家旅游局关于执行《旅游法》有关规定的通知	2013-09-02
	国家旅游局办公室关于印发《旅行社责任保险投保信息报送和检查暂行办法》的通知	2013-10-30
	国家旅游局关于严格执行旅游法第三十五条有关规定的通知	2013-12-16
2014	国家旅游局办公室关于印发《旅游行业技术能手评选表彰管理办法》的通知	2014-01-15
	国家旅游局关于对赴台旅游业务有关违规行为适用法律问题的通知	2014-12-15
2015	国家旅游局办公室关于下发《旅游度假区等级管理办法》的通知	2015-04-05
	关于印发《旅游经营服务不良信息管理办法(试行)》的通知	2015-07-17
	国家旅游局办公室关于完善"导游人员从业资格证书核发"行政审批事项有关工作的通知	2015-08-05
	国家旅游局关于打击旅游活动中欺骗、强制购物行为的意见	2015-09-29
	国家旅游局办公室关于印发《境外旅游宣传推广工作办法》的通知	2015-12-03
	国家旅游局关于规范出境游保证金有关事宜的通知	2015-12-23

(五)国家旅游局国家标准/行业标准

自1995年至2015年,国家旅游局发布的国家标准和行业标准主要如表5-4所示。

表5-4 旅游类国家标准/行业标准

年份	标准名称	标准类别/代号	发布日期
1995	旅游汽车服务质量	LB/T 002-1995	1995-02-05
	旅游饭店用公共信息图形符号	LB/T 001-1995	1995-10-01
	内河旅游船星级的划分与评定	GB/T 15731-1995	1995-12-05
	导游服务质量	GB/T 15971-1995	1995-12-22

续表

年份	标准名称	标准类别/代号	发布日期
1996	星级饭店客房客用品质量与配备要求	LB/T 003-1996	1996-06-15
2001	标志用公共信息图形符号第1部分:通用符号	GB/T 10001.1-2001	2001-06-05
2002	旅行社出境旅游服务质量	LB/T 005-2002	2002-07-27
2003	旅游厕所质量等级的划分与评定	GB/T 18973-2003	2003-02-02
	旅游区(点)质量等级的划分与评定	GB/T 17775-2003	2003-02-02
	旅游规划通则	GB/T 18971-2003	2003-02-24
	旅游资源分类、调查与评价	GB/T 18972-2003	2003-02-24
2006	星级饭店访查规范	LB/T 006-2006	2006-03-07
	标志用公共信息图形符号第2部分:旅游休闲符号	GB/T 10001.2-2006	2006-08-04
2011	旅游服务基础术语	GB/T 16766-2010	2011-01-14
	温泉企业服务质量等级划分与评定	LB/T 016-2011	2011-02-01
	绿色旅游景区	LB/T 015-2011	2011-02-01
	旅游景区游客中心设置与服务规范	LB/T 011-2011	2011-02-01
	旅游景区讲解服务规范	LB/T 014-2011	2011-02-01
	旅游景区公共信息导向系统设置规范	LB/T 013-2011	2011-02-01
	旅行社服务通则	LB/T 008-2011	2011-02-01
	旅行社入境旅游服务规范	LB/T 009-2011	2011-02-01
	旅行社出境旅游服务规范	LB/T 005-2011	2011-02-01
	国际邮轮口岸旅游服务规范	LB/T 017-2011	2011-02-01
	城市旅游集散中心等级划分与评定	LB/T 010-2011	2011-02-01
	城市旅游公共信息导向系统设置原则与要求	LB/T 012-2011	2011-02-01
2013	旅行社国内旅游服务规范	LB/T 004-2013	2013-01-14
	旅游企业信息化服务指南	LB/T 021-2013	2013-02-01
	旅游目的地信息分类与描述	LB/T 019-2013	2013-02-01
	饭店智能化建设与服务指南	LB/T 020-2013	2013-02-01

续表

年份	标准名称	标准类别/代号	发布日期
2013	城市旅游公共服务基本要求	LB/T 022－2013	2013－02－01
	旅游特色街区服务质量要求	LB/T 024－2013	2013－05－07
	旅行社安全规范	LB/T 028－2013	2013－12－01
2014	旅游类专业学生景区实习规范	LB/T 033－2014	2014－05－01
	旅游类专业学生旅行社实习规范	LB/T 032－2014	2014－05－01
	旅游类专业学生饭店实习规范	LB/T 031－2014	2014－05－01
	旅行社产品第三方网络交易平台经营与服务要求	LB/T 030－2014	2014－05－01
	旅行社服务网点服务要求	LB/T 029－2014	2014－05－01
	景区最大承载量核定导则	LB/T 034－2014	2014－12－26
	自行车骑行游服务规范	LB/T 036－2014	2014－12－26
	绿道旅游设施与服务规范	LB/T 035－2014	2014－12－26
	旅游滑雪场质量等级划分	LB/T 037－2014	2014－12－26
	国家商务旅游示范区建设与管理规范	LB/T 038－2014	2014－12－26
2015	导游领队引导文明旅游规范	LB/T 039－2015	2015－04－02
	旅行社行前说明服务规范	LB/T 040－2015	2015－04－02
	旅游发展规划实施评估导则	LB/T 041－2015	2015－07－27
	国家温泉旅游名镇	LB/T 042－2015	2015－07－27
	高尔夫管理服务规范	LB/T 043－2015	2015－07－27
	自驾游管理服务规范	LB/T 044－2015	2015－07－27
	旅游演艺服务与管理规范	LB/T 045－2015	2015－07－27
	温泉旅游服务质量规范	LB/T 046－2015	2015－07－27
	旅游休闲示范城市	LB/T 047－2015	2015－11－12
	绿色旅游饭店	LB/T 007－2015	2015－12－23

（六）地方性旅游法规与政策文件

地方政府为了保证区域旅游业的健康稳定发展,合理开发、利用、保护旅游资源,保护旅游者的合法权益,提高服务质量,发展旅游事业,促进对外开放,结合本

地实际,制定了相应的地方性的旅游法规与政策文件。例如:

江苏——《江苏省旅游涉外饭店安全管理规定》《江苏省旅游业发展专项引导资金管理暂行办法》《生态园旅游安全保护制度》《江苏省旅游行业文明单位考评标准(试行)》《江苏省旅游管理条例》《淮安市文明风景旅游区(点)创建管理规定》《淮安市文明风景旅游区(点)测评标准》《连云港市旅行社优质服务规范(试行)》和《江苏省乡村旅游点等级划分与评定(试行)》等。

四川——《四川省旅游定点管理办法》《四川省旅游景区餐饮服务食品安全管理办法》《四川省旅游度假区等级评定管理办法》《四川省旅游条例》《旅游景区建设规范》《四川省假日旅游工作规范》《四川省地方标准旅游道路建设与管理规范》《四川省旅行社门市部登记管理办法》《四川省规范行政处罚自由裁量权的规定》《四川省旅游标志标牌设置标准》等。

二、我国旅游业发展趋势

中国旅游业走向世界的同时,世界也逐步走近中国。截至 2015 年年初,中国旅游行业已经发展了 35 个年头,并取得了骄人的成绩。在过去的 35 年里,我国旅游业充分发挥经济带头作用,促进了我国经济的发展。

(一)全球旅游业发展趋势

全球旅游业发展到 2015 年,其发展趋势主要呈现出四个方面的特点:

1. 加快发展旅游业成为多国战略决策

中国把旅游业定位成战略性的支柱产业和现代服务业来加以培育,出台了《中华人民共和国旅游法》。俄罗斯政府批准了 2011—2018 年的发展旅游业目标计划,美国发布了国家旅游发展战略等。

2. 旅游业在 GDP 中所占比重持续提高

国家旅游局有关资料显示:预计到 2015 年,中国旅游业增加值占全国 GDP 的比重将提高到 4.5%,占服务业增加值的比重将达到 12%,每年可新增旅游直接就业 50 万人左右,旅游业对于保增长、扩内需、调结构、促就业的积极作用将越来越明显。

3. 世界旅游业发展重心逐步东移

在 2012 年时,欧洲仍然是最大的入境旅游目的地,游客接待量占全球的比重达到 51.6%。从未来看,预测亚洲的旅游市场国际游客接待量占全球比重到 2020 年会达到 30%,2030 年将超过 36%,而欧洲的比重将分别会降到 49% 和 41%。

4. 旅游业呈现出融合发展趋势

在经济全球化的带动下,旅游跨国界、跨领域、跨行业、跨产业、跨部门融合发展的趋势日益明显。

(二)现阶段我国旅游业特点

进入2015年,我国旅游业的发展也主要呈现出四个方面的特点:

1. 旅游业外部环境进一步优化

世界旅游业的发展重心在逐步东移,在2012年时,欧洲仍然是最大的入境旅游目的地,游客接待量占全球的比重达到51.6%。中国旅游研究院在《中国旅游经济蓝皮书(第六部)——2013年旅游经济运行分析与2014年发展预测》中分析:未来亚洲的旅游市场国际游客接待量占全球比重到2020年会达到30%,2030年将超过36%。美国提出了促进旅游业发展的一系列措施,包括针对中国游客的签证便利化措施,同时还增派了50名领事官员来华工作。俄罗斯政府也是批准了2011—2018年的发展旅游业目标计划,世界最大的旅游商务公司美国的现代运通公司通过与中旅公司合作从而进入中国,国际性的网络预订公司也纷纷与中国的网络预订公司合作进行优势互补性合作。

2. 旅游业新产品和新业态层出不穷

当前我国旅游业进入了新的时代,正在加快与一、二、三产业的融合发展,旅游业的新产品和新业态层出不穷。像海洋旅游、自驾车旅游、房车旅游、直升机旅游、邮轮旅游、游艇旅游、探险旅游、养生旅游、社区旅游和智慧旅游等新的旅游业态发展迅速,正在成为引领我国旅游消费增长的重要的领域,也催生了旅游装备制造等产业的发展。

3. 国民休闲旅游消费增长势头强劲

在当前经济发展水平、公共假期制度、旅游产品营销、交通环境改善、价值观念倡导等多元因素融合下,旅游休闲已经成为人们的日常生活、消费方式、文化活动的重要组成部分。《中华人民共和国旅游法》和《国民旅游休闲纲要(2013—2020年)》的出台,对我国旅游行业发展产生深远影响。2012年12月4日,习近平总书记主持召开中共中央政治局会议,审议通过了中央政治局关于改进工作作风、密切联系群众、厉行勤俭节约等的八项规定和包括"不准用公款组织游山玩水、安排私人度假旅游、出国(境)旅游等活动"在内的六条禁令。受"八项规定""六项禁令"等政策影响,公务旅游消费急剧下降,商务旅游消费明显放缓,大众化国民休闲旅游消费增长势头强劲。

4. 旅游业成为产业投资的热点领域

2011年,上海迪士尼乐园本身投资244亿元,周边配套更是高达千亿,吸引了来自国企、外资、民企的各方资本的蜂拥而入。2012年云南启动打造十大立体文化旅游项目,项目总投资规模近1000亿元。2013年前三季度,郑州航空港经济综合实验区累计签约航空物流、高端制造、现代服务等领域项目40个,总投资超过1110亿元,协议总额达1300亿元。2013年全国的旅游直接投资达到了5144亿元,其中民间资本成为旅游投资的主力,大约占到了57%。2014年,四川南充重点旅游项目续建26个,新建18个,总投资达518亿元。

(三)我国未来旅游业发展主要趋势

《国民旅游休闲纲要(2013—2020年)》和国务院《关于加快发展旅游业的意见》等纲领性文件的出台和实施,标志着中国旅游业法制化建设实现了根本性的突破,进入了依法治旅、依法兴旅的新阶段,也昭示了我国未来旅游发展的新趋势。

1. 宏观上的发展趋势

(1)国家旅游促进法的立法将成为现实。进入21世纪以来,我国在立法或者修改法律中,对旅游的有关规定越来越多。将旅游业的发展提高到为国民创造幸福生活环境、满足国民日益增长的需要的高度,是民心所向。随着我国旅游发展在涉及总量增长、结构优化和水平提高等方面的改变,对于旅游规划、策划、设计等各个方面的需求也越来越急迫,对这些有必要进行及早的规范。所以,立足于社会立法的国家旅游促进法的立法将成为现实。

(2)国民旅游休闲体系将基本建成。为贯彻《国民旅游休闲纲要(2013—2020年)》的方针政策,地区旅游休闲纲要的落实将成为旅游新发展的重要推力,城乡居民旅游休闲消费水平将大幅增长,健康、文明、环保的旅游休闲理念将成为全社会的共识,国民旅游休闲质量将显著提高,与小康社会相适应的现代国民旅游休闲体系将基本建成。

(3)国内旅游的增长仍将快于全国GDP的增长。我国居民的旅游选择将随收入的增长和假日制度改革的深化而有更多增长,居民消费的国内旅游将从过去偏于观光的选择扩展至更为多样更为全面的休闲旅游,国内旅游的增长仍将快于全国GDP的增长。

(4)国家相关部委的合作得到增强。国务院《关于加快发展旅游业的意见》将使旅游产业协调发展的配套性投资亟须政府的引导与支持。另外,政府公共服务体系的建立将从经济发达地区快速向其他地区扩展,旅游标准化的推力将部分取代行政部门的直接管理,也使得国家相关部委的服务和合作得到进一步增强。

(5)旅游发展的区域竞争将更加凸显。全国各地旅游协调推进,许多城市将旅游定为自己的支柱产业。我国28个省区市将旅游业定位为战略性支柱产业或支柱产业,28个省区市成立了党委或政府领导牵头的旅游产业发展领导机构。中西部地区旅游业增速继续高于全国平均水平,东北老工业基地及资源枯竭型城市旅游业成为转型发展重要动力,区域性的旅游组织的不断增加,等等。这些因素的叠加,使得我国旅游发展的区域竞争将更加凸显。

(6)旅游、文化与研究的地位有望得到新的改变。旅游与文化产业的互动将出现更多的契合点,旅游文化的理念可望得到进一步的梳理,并将产生出更多引人注目的成绩。因此,我国旅游科学的研究成果将会得到国际社会的更多认可,旅游学科的地位和发展有望得到新的改变。

(7)旅游职业教育将受到新挑战。随着旅游业的可持续发展将出现进一步的推进,旅游决策对智力的需求更加明显,旅游发展对旅游人才的需求更加迫切。而旅游产业的急速发展,以及现代职业教育新理念、新技术的不断升级,将使得新型的旅游职业化、专业化教育思想与行为模式受到新挑战。

(8)旅游总收入将不断增加。国家统计局发布的《2014年国民经济和社会发展统计公报》的数据显示,2014年全年国内游客36.1亿人次,比上年增长10.7%,国内旅游收入30 312亿元,比上年增长15.4%。基于国家旅游局的预测,到2020年国内旅游收入将达到10万亿元、入境旅游收入将达到800亿美元,中国旅游行业总收入2013—2020年复合增长率预计约19.7%。

2. 微观上的发展趋势

(1)智慧旅游将带动旅游业向现代服务业转变。2013年11月6日,国家旅游局网站发布通知,宣布将"美丽中国之旅——智慧旅游"作为2014年中国旅游宣传主题,并强调将在智慧服务、智慧管理和智慧营销三方面着力,以促进旅游资源和产品的开发和整合,以信息化带动旅游业向现代服务业转变。中国旅游市场将全面进入智能化、科技化的新时代。

(2)在线旅游将迫使传统旅行社出现变革。2013年全球在线旅游行业发展迅速,增速达12%以上。2014—2017年,全球GDP增速维持在4%左右,而在线旅游行业增速将保持在8%以上,远高于线下旅游行业3%左右的增速。因此,网上旅游订购将更具强势,或将迫使不少传统旅行社出现新变革。

中国产业洞察网研究部数据显示,2012年中国在线旅游行业规模约1700亿元人民币,仅为美国的1/4。渗透率方面,美国在线旅游渗透率已经超过40%,而中国仅为6.6%。行业增速方面,美国将稳定在5%左右,中国将保持在15%以上,中国产业洞察网预计到2017年,中国在线旅游行业规模达到4500亿元以上,渗透率超过10%。

(3)旅游产品的体验性和参与性将得到旅游经营者的更多注意。随着国民大众旅游消费时代的到来,旅游业发展方式在悄然转型,从长期看旅游消费的心理体验需求将维持中速增长,老百姓常态化的旅游需求及其增长将是未来一段时间内我国旅游市场需求的主力。因此,产品的体验性和参与性将得到旅游经营者的更多注意。

(4)养老旅游将成为旅游新市场。《中国老龄事业发展报告(2013)》指出,截至2012年年底,我国老年人口数量已达到1.94亿,比上年增加891万,占总人口的14.3%。随着空巢老人家庭的增多、养老观念的转变,以及老年人消费能力的不断提升,越来越多的老年人选择外出旅游。根据全国老年旅游产业发展促进研讨会发布的数据,2010年,我国老年人口消费规模达1万亿元,2020年将达到3.3万亿元,2030年将达到8.6万亿元。以上数据和分析表明,养老旅游势必形成一个巨大消费市场。

(5)新型乡村旅游日益走俏。2013年年底,中央城镇化工作会议和中央农村工作会议为乡村旅游未来的发展指明了方向:让城市融入大自然,让居民望得见山、看得见水、记得住乡愁。大会提出的"记得住乡愁"将成为未来乡村旅游差异化发展的魅力之处,也将成为休闲旅游时代的文化体验。伴随着城镇化进程,以"美丽乡愁"为标签的新型乡村旅游将日益走俏。

(6)科技发展推动旅游大数据应用。大数据是新时代的重要资源,世界各国都在加快战略布局和制定规划。大数据在旅游业中的应用将更多地体现在服务上。引入大数据应用的智慧旅游服务,将充分收集、分析、整合各方旅游资源数据,以实现最优调配服务资源的可能;可对搜集到的游客消费动向、旅游资源状况等数据进行量化分析,并及时调整、制订相应的策略,为游客提供更好的服务,也极大地提升景区的管理效率。政府智慧旅游服务体系设施全面投产,国家公共服务平台的建设将加速。因此,随着科技发展,旅游大数据也将广泛应用。

(7)旅游专业投资评估和调研公司将出现。截止到2014年,种种迹象表明,旅游的跨界参与格局已形成。各类非旅游行业将对旅游业产生积极推动作用,企业跨界进入旅游行业,固定资产投资成为趋势;地方政府传统GDP锦标赛原动力弱化,旅游开发更趋理性,中小旅游投资商现困局,旅游业政策将出现扎堆现象。所以,旅游专业投资评估和调研公司将出现。

(8)旅游中介分工越来越细化,附加服务越来越突出。旅行社除传统的做国内业务和国际业务之分外,分工更加细致。不同的旅行社开发不同的旅游专线,同一品牌的旅行社也分别开发出不同的主题旅游和专题旅游;专业化的中介公司越来越多,如:酒店预订专业化公司、票务预订专业公司、餐饮预订专业化公司和旅游咨询专业化服务公司等。另外,随着顾客越来越挑剔,竞争越来越激烈,各旅游中介机构为争夺顾客,提升品牌的竞争力,在为顾客服务的过程中,越来越注重服务的附加作用。

视野拓展

据资料,美国宾夕法尼亚州的某度假区引入了一种腕带系统,游客佩戴这种腕带后,不需携带钥匙就可以打开自己的房间门,不需携带现金或银行卡即可进行购物。类似这样的精彩体验,未来在中国很多旅游目的地都将成为现实。

案例分析

创立于 1998 年的北京金色世纪商旅网络科技股份有限公司创建了"D2D"商旅全程管家服务模式,即:向会员提供从"门"(Door)到"门"(Door)的全行程(家门口到机场、高铁口再到酒店门口)管家服务,在全国机场、高铁站建立连锁贵宾厅——金色逸站,向会员提供休息、引领、快速安检等服务。2012 年该公司加入国际金钥匙组织。截至 2014 年年底,金色世纪拥有 36 家分支机构、1200 名员工、23 个机场高铁金色逸站,向超过 200 万会员提供"D2D 商旅全程管家服务"。未来 3~5 年,机场高铁金色逸站将达到 50 个,基本覆盖省会及其他重点城市。

在 2013 年中国(昆明)国际旅交会上,金色世纪首次以大面积特装展位的形式展现企业形象,对全新的 D2D 商旅全程管家服务概念进行全面展示,再次斩获金钥匙"卓越品质服务大奖"。金色世纪与中信银行顺利达成合作,双方成功签订合同。金色世纪牵手易到用友财务公司,强强联合助力商旅全程服务。金色逸站新增 5 家,分别是:长沙高铁逸站、深圳高铁逸站、济南机场逸站、合肥机场逸站、三亚机场逸站。金色世纪开发手机客户端 UI/UE 全新设计;客户端更新保持平均每两周迭代一次;客户端下载量、下单量较上一年各增加近 20 倍。金色世纪官网网页版退改签申请服务正式上线,减少了客户办理退改签等待的时间及费用,提升了客户满意度;国际酒店预订服务全新上线,为金色世纪的商旅全程服务增添了新内容。

(资料来源:根据金色四季商旅网信息整理)

请问:您怎样看待该公司的附加服务?

分析

互联网的发展为旅游服务提供了新的平台。携程网、艺龙网、去哪儿网等网站为旅游者的出行提供的更多的便利和实惠。北京金色世纪商旅网络科技股份有限公司创建了"D2D"商旅全程管家服务模式,将旅游者的出行服务更加细化,提供了公共交通中旅客所需要的快捷服务,同时手机客户终端的技术更新、国际酒店的预订服务满足了更多旅游者的需要。

特别提示

近年来,我国旅游业界专家学者提出了"中国服务"这一新命题,探讨"中国服务"应成为未来的国家战略。2010 年 9 月 28 日在北京国际饭店召开的"中国服务"发展论坛,以"中国服务"为国家的新品牌、新战略,明确提出旅游业是最有可能、最有条件成为"中国服务"战略的核心产业和先导产业。从旅游业开始拓展到整个服务业的"中国服务",将与"中国制造"共同构成产业振兴和中国腾飞的双翼。

任务评价

任务评价表

序号	任务内容	任务要求	自我评价	待改进方向	备注
1	我国旅游法规	掌握我国主要旅游法规			
2	世界旅游发展趋势	掌握世界旅游发展趋势			
3	中国旅游发展趋势	掌握我国旅游发展趋势			

项目关键词

旅游业　目的地　经济　社会　环境　旅游保障要素　旅游发展趋势

课后练习题

一、填空题

1.旅游业的发展对目的地的_____、_____、_____和_____都会产生影响。

2.旅游对文化有_____、_____、_____作用,可以增强民族文化吸引力,促成文化品牌效应。

3.UNWTO 是指_____;NTO(NTA)是指_____。

二、判断题

1.旅游业不是劳动密集型行业。

2.旅游业的发展可以促进世界和平。

3.旅游目的地的文化传统易遭到异地强势文化的冲击和同化。

4.旅游目的地的环境也是一种旅游资源。

5. 1983年10月中国加入世界旅游组织,成为它的第106个正式会员。

三、简答题

1. 旅游业对旅游目的地的经济有哪些影响?
2. 政府干预旅游发展的手段有哪些?
3. 2013年开始实施的《中华人民共和国旅游法》有哪些重要作用?
4. 世界旅游有怎样的发展趋势?
5. 我国旅游业发展趋势有哪些?

参考文献

[1] 孙洪波,李广成.旅游概论新编[M].武汉:华中科技大学出版社,2008.

[2] 王德刚.旅游学概论[M].北京:清华大学出版社,2012.

[3] 王琦.新编旅游概论[M].北京:清华大学出版社,2009.

[4] 吴殿廷,王欣,耿建忠,王瑜.旅游开发与规划[M].北京:北京师范大学出版社,2010.

[5] 国家旅游局人事劳动教育司.旅游概论[M].北京:旅游教育出版社,2012.

[6] 傅云新,蔡晓梅.旅游学[M].广州:中山大学出版社,2007.

[7] 蔡敏华.旅游概论[M].第2版.北京:人民邮电出版社,2011.

[8] 邵世刚,施筠君,李光坚.旅游概论[M].北京:高等教育出版社,2008.

[9] 陈波,史国然.旅游概论[M].北京:科学出版社,2011.

[10] 唐志国.旅游概论[M].北京:中国旅游出版社,2011.

[11] 苏建军,孙根年,王丽芳.1982年以来中国旅游业对第三产业的关联带动性分析[J].地理科学进展,2011(8):1053-1054.

[12] 刘荣,齐建军.旅游学概论[M].北京:北京交通大学出版社,2011.

[13] 董晓倩.论我国旅游业的发展趋势[J].魅力中国,2012(8).

[14] 翟华,夏洁长.旅游业发展对我国财政收入影响的实证分析[J].北京第二外国语学院学报,2013(9):27.

[15] 保继刚,楚义芳.旅游地理学[M].北京:高等教育出版社,1993.

[16] 邓观利.旅游概论[M].天津:天津人民出版社,1983.